प्रगतिशील साहित्य की जिम्मेदारी

प्रगतिशील साहित्य की जिम्मेदारी

मार्कण्डेय

सम्पादन
दुर्गा प्रसाद सिंह

लोकभारती प्रकाशन
पहली मंजिल, दरबारी बिल्डिंग, महात्मा गाँधी मार्ग, इलाहाबाद-1

लोकभारती प्रकाशन
पहली मंजिल, दरबारी बिल्डिंग, महात्मा गाँधी मार्ग
इलाहाबाद-211 001

वेबसाइट : www.lokbhartiprakashan.com
ईमेल : info@lokbhartiprakashan.com

शाखाएँ : 1-बी, नेताजी सुभाष मार्ग, दरियागंज
नई दिल्ली-110 002
अशोक राजपथ, साइंस कॉलेज के सामने
पटना-800 006 (बिहार)
36-ए, शेक्सपियर सरणी
कोलकाता-700 017

मूल्य : ₹ 300

प्रथम संस्करण : 2015

इण्डियन प्रेस प्राइवेट लिमिटेड
इलाहाबाद द्वारा मुद्रित

Pragatisheel Sahitya Ki Jimmedari
(Critical Notes by Markandey)

Edited by Durga Prasad Singh

ISBN : 978-81-8031-997-6

हिन्दी और संस्कृत नाटकों के विद्वान और संस्कृतिकर्मी
श्रीकृष्ण दास को,
जिनके सानिध्य में
मार्कण्डेय
ने २-डी, मिण्टो रोड को इलाहाबाद में साहित्य-संस्कृति की
सक्रियता का केन्द्र बनाया

विषय सूची

भूमिका

हिन्दी साहित्य में मार्कण्डेय की पहचान मुख्यत: कहानीकार के रूप में है। २-डी, मिण्टो रोड से सीधे जुड़े रहे लोग भी उन्हें एक बेहतरीन किस्सागो के रूप में ही याद करते हैं। लेकिन, देश और समाज-संस्कृति को लेकर उनकी चिन्ताएँ व जिम्मेदारी का भाव उन्हें कहानी से निर्बन्ध भी करता रहता और विचार-रूप में सीधे व्यक्त हो उठता। यह पुस्तक मार्कण्डेय की इस पहचान को सामने लाती है।

इस पुस्तक की अन्तर्वस्तु का फैलाव साहित्य-संस्कृति से लेकर राजनीति की हद तक है। मार्कण्डेय यहाँ जिस चिन्तनधारा व इतिहासबोध को अपनाते हैं वह आधुनिक समाज-विज्ञानों से आता तो है लेकिन अपने समाज की आन्तरिक स्थिति, 'जन' तथा 'लोक' से अन्त:क्रिया के साथ।

इस पुस्तक को चार खण्डों में विभाजित किया गया है। पहले खण्ड में वैचारिक लेखों के अलावा 'गोदान' तथा अन्य ग्राम-उपन्यासों पर लिखे लेख हैं। मार्कण्डेय के चिन्तन में देश-समाज की राजनीतिक स्थिति किस कदर शामिल है वह उनकी साहित्यिक पत्रकारिता से समझा जा सकता है। खुद की पत्रिका 'कथा' के माध्यम से वे वस्तुत: यही करते नजर आते हैं। इसलिए उनके द्वारा सम्पादित चौदह अंकों की सम्पादकीय टिप्पणी को एक साथ खण्ड दो में दिया जा रहा है। इसके साथ मित्र प्रकाशन की पत्रिका 'माया' के मार्कण्डेय द्वारा सम्पादित अंक की सम्पादकीय भी दी जा रही है।

लोकसाहित्य पर दो लेख और दो भाव-चित्र हैं जो आधुनिक और प्रगतिशील दृष्टि को ही अपना प्रस्थान-बिन्दु बनाते हैं। इसी क्रम में भाषाविज्ञानी व लोकविद् सुनीति कुमार चटर्जी के अवदानों को प्रस्तुत करता लेख तथा लोकविद् व शास्त्र के पण्डित विद्यानिवास मिश्र की इसी पहचान और साहित्य-संस्कृतिकारिता को केन्द्रित करता यादपरक लेख है। यह सब खण्ड तीन में एक जगह दिया जा रहा है,जो मार्कण्डेय के लोक से जुड़ाव को तो दर्शाता है लेकिन लोक में व्याप्त पिछड़े हुए मूल्यबोध के प्रति क्रिटिकल रहते हुए। लोक में मार्कण्डेय प्राय: मानवीय लोक-

व्यवहार व सामाजिकता के तत्त्वों को लेकर ही ज्यादा एसर्टिव हैं। आधुनिक व प्रगतिशील मानव-विकास में जो लोकतत्त्व सहायक और समानता का भाव एवं रागात्मक आवेग अपने भीतर समाये हैं, मार्कण्डेय का आकर्षण उसी के प्रति है। 'लोकगीतों में विद्रोहिणी सीता' व 'भुखिया न लागै पियसिया न लागै' में इसे सहज ही देखा जा सकता है। अपनी शैली व रूप में यह भाव-चित्र हैं लेकिन अन्तर्वस्तु में लोकजीवन तथा सम्बन्धों का प्राणतत्त्व लिये हुए जो स्त्रियों के प्रेम और स्वाभिमान से ज्यादा संचालित है। दरअसल मार्कण्डेय यहाँ मानवता की कसौटी लोक-समाज में स्त्रियों की स्थिति को बनाते हैं। उनकी कहानियों का भी यह एक प्रमुख अवयव है।

आखिर में मार्कण्डेय द्वारा की गयी पुस्तक-समीक्षाओं को रखा गया है। जिसमें कुछ तो समीक्षाएँ हैं, कुछ टिप्पणी लेकिन अपने रूप-विधान में ही। जबकि उसमें आलोचनात्मक मान का निर्वहन अधिक है, जिसका आधार मार्कण्डेय की आधुनिकता और प्रगतिशीलता सम्बन्धी दृष्टि है। हालाँकि यह आधार उतना ही उनके व्यक्तित्व का भी हिस्सा है जितना कि उनकी दृष्टि-विवेक का।

इस पुस्तक में जितने लेख है उन सभी के छपे रूप की जानकारी नहीं है। अभी कुछ दिन पहले विमल वर्मा ने जानकारी दी कि मार्कण्डेय भाई के कुछ लेख छद्म नाम से 'स्वाधीनता' में भी छपे थे। फिलहाल यहाँ जो उनके पास कुछ हस्तलिखित और कुछ टंकण-रूप में मिला उसे ही दिया जा रहा है। छपे रूप में जो मिले उसमें प्रगतिशील साहित्य की जिम्मेदारी 'कलम' के प्रवेशांक में, नयी समीक्षा की भूमिका 'युवा' में, साहित्य और आज का सन्दर्भ 'उत्तरशती' के प्रवेशांक में, भुखिया न लागै पियसिया न लागै 'अमृत-पत्रिका' में, लोक-साहित्य सम्बन्धी लेख सम्मेलन पत्रिका में है। 'युवा' में छपे लेख की जानकारी उसके सम्पादक रहे उद्भ्रान्त ने दी। 'उत्तरशती' में छपा लेख डी.यू. में शोधरत श्रीकान्त पाण्डेय ने उपलब्ध कराया। बाकी थोड़ा दिल्ली-कलकत्ता-भोपाल करने पर कुछ और लेख मिलते पर अभी जितना है वह मार्कण्डेय के चिन्तक-आलोचक रूप को बखूबी प्रकट करता है। इस पुस्तक के शीर्षक, खण्डवार विभाजन, सम्पादकीय टिप्पणी के शीर्षक आदि को लेकर आलोक कुमार श्रीवास्तव से बातचीत मददगार रही।

इसका आवरण अंकुर ने तैयार किया है। मार्कण्डेय की पत्नी विद्यावती सिंह व पुत्री डॉ. स्वस्ति सिंह पूर्व की भाँति इस पुस्तक के लिए भी जिज्ञासु रहीं। इन सबके साथ-सहयोग के लिए आभार प्रकट करते हुए मार्कण्डेय के साहित्य-संवाद के भिन्न रूप को प्रकट करती यह पुस्तक अपने पाठकों के समक्ष प्रस्तुत है। भूल-चूक माफ हो!

—दुर्गा प्रसाद सिंह

प्रगतिशील साहित्य की जिम्मेदारी

१

प्रगतिशील साहित्य की जिम्मेदारी

नयी समीक्षा की भूमिका

साहित्य में रचना के समानान्तर आलोचना का विकास क्यों नहीं हुआ, जबकि हिन्दी में एक सुसमृद्ध आलोचना साहित्य की पृष्ठभूमि पहले से मौजूद थी। रामचन्द्र शुक्ल के बाद रामविलास शर्मा, हजारीप्रसाद द्विवेदी, नगेन्द्र, नन्ददुलारे वाजपेयी, शिवदान सिंह चौहान आदि ने अपने समकालीन साहित्य पर महत्त्वपूर्ण काम ही नहीं किया वरन् एक हद तक आगे बढ़कर अपने समकालीन साहित्य का नेतृत्व भी किया।

ध्यान देने की बात यह है कि आलोचना का यह नेतृत्व प्राचीन भारतीय साहित्य-समीक्षा की पद्धति के अनुसार था। छायावाद-काल तक के आलोचकों के सामने आलोचना के नये प्रतिमानों अथवा आलोचना की नयी पद्धति का कोई सवाल नहीं था। पूर्व निश्चित अथवा आदर्शवादी सम्प्रत्ययों के आधार पर ये आलोचक अपनी व्यक्तिगत कसौटियाँ निर्मित कर लेते थे, जिनका तत्कालीन वैयक्तिक अनुभूतियोंवाले रचना-बोध से ठीक-ठीक मेल भी बैठता था। इनके सामने प्रश्न वास्तविकताओं के मूल्यांकन का नहीं था, न साहित्य के भीतर से सिद्धान्तों की निर्मिति की कोई बात ही इनके लिए उतनी महत्त्वपूर्ण थी, क्योंकि तब साहित्य से ऐसी माँग ही नहीं थी। स्वाधीनता-संग्राम के नेताओं ने भी ठीक इसी तरह जनता के जीवन के बाह्य आदर्शों से नारे चुने थे और जीवन में पैठी सच्चाइयों पर पर्दा डालकर वास्तविक समस्याओं की जगह भ्रम को आधारभूत विचार के रूप में स्वीकार किया। नतीजा यह हुआ कि राजनीतिक दृष्टि का निर्माण किसान, मजूदर और अंग्रेजों के अन्तर्विरोधों पर हुआ जिससे अंग्रेजों के चले जाने के बाद हिस्सेदारी में बड़े भाई का भाग उनके हाथ लगे। इसी कारण, जब हम 'गोदान' के होरी को इस युग का महान् चरित्र मानते हैं और प्रेमचन्द को यथार्थवादी दृष्टि का सूत्रधार कहते हैं तो यह कहने की जरूरत नहीं रह जाती कि स्वाधीनता-संग्राम की रणनीति में भारत के

किसान और मजदूर के जीवन की वास्तविकताओं पर नहीं के बराबर ध्यान दिया गया था।

यह आकस्मिक नहीं है कि प्रेमचन्द की विकसित यथार्थोन्मुखी दृष्टि की एक लम्बे समय तक उपेक्षा को गयी, क्योंकि जीवन के अन्तिम काल में उन्होंने अपनी सृजनात्मक अभिव्यक्ति के लिए जो पद्धति अपनायी, वह तत्कालीन व्यक्ति-प्रधान, आदर्शोन्मुखी चिन्तन-प्रकृति के सर्वथा विपरीत थी और उस समय का कोई भी आदर्शवादी आलोचक उनके साथ न्याय नहीं कर सकता था। इसके सही मूल्यांकन के लिए जरूरत तत्कालीन सामाजिक परिस्थितियों में खुद प्रेमचन्द के साहित्य के भाष्य से बननेवाले नये प्रतिमानों की थी। वस्तुजगत् की सत्यता को प्रमाण मानने और सही सामाजिक व्यवस्था को उसी के अनुकूल नैतिक एवं भौतिक व्याख्या प्रदान करने की ओर प्रेमचन्द का प्रयास भारतीय साहित्य में सबसे पहला था।

प्रेमचन्द के इन प्रयासों का ही फल था कि स्वतन्त्रता के बाद के सृजनशील लेखकों के सामने चाहे क्षीण ही सही किन्तु कहीं-न-कहीं एक ऐसा दृष्टि-संकेत जरूर वर्तमान था जो आजादी के नाटक के समाप्त होते ही और भी मूर्त हुआ। 'गोदान' का नैराश्य और भी घना होकर रूपायित हुआ। नेता का कृतित्व चरितार्थ हुआ और व्यापक हिन्दू-मुस्लिम दंगों के बीच कायरता और अपमान के आभूषणों में सज्जित स्वतन्त्रता आयी और बेपनाह खून-खराबे और अमानवीय अत्याचारों से पिण्ड छुड़ाने के लिए सबने माना कि 'हाँ, वह आयी।' चलो एक काम हुआ। देशी मालिकों ने फौज की सलामी ली, झण्डे फहराये और जैसे-तैसे आजादी का काम चल निकला। सृजनशील लेखक के लिए यह अवसर कलेजे में घाव करनेवाला इसलिए भी बना क्योंकि देश बँट गया था, फिर भी, बेगुनाहों का इतना सारा खून नाहक बह रहा था।

कुल मिलाकर सृजनशील चेतना के लिए यह परिवर्तन एक मार्मिक धक्के के समान था जबकि देश की अनपढ़ और गरीब जनता अपनी उसी पुरानी हालत में फँसी चुपचाप पड़ी थी। यह अवसर व्यापक अलगाव तथा परिवर्तन का हो सकता था और ऐसा नहीं कि अलगाव नहीं हुआ, लेकिन जिस स्तर पर पक्ष लेने की कार्यवाही होनी चाहिए थी उसके लिए हमारे देश के बुद्धिजीवी प्रबुद्ध ही नहीं थे। इसलिए नेतृत्व का रहस्य एक हद तक खुला और वह व्यापक जनता की सहानुभूति खोने लगा। कहना न होगा कि साहित्य में भी ठीक यही प्रतिक्रिया हुई और अब तक नेता के स्थान पर विराजमान आदर्शवादी कसौटियों के स्वामी, किताबी आलोचना का ठीक वही हाल हुआ जो राजनैतिक नेता का। दोनों सुविधा के दर्शन के अनुगामी बन गये और एक ने जहाँ जमींदारों और महाजनों की सेवा का काम

सँभाल लिया, दूसरा उनकी मदद से विश्वविद्यालयों, समितियों, पूँजीपतियों के अखबारों और संस्थाओं में जा घुसा।

यहीं एक प्रश्न यह भी उठता है कि परिवर्तन के इस महत्त्वपूर्ण समय में मार्क्सवादी चिन्तकों ने क्या किया? क्या आजादी की लड़ाई में उन्होंने राष्ट्रीय बुर्जुवा के देशी सेठों, राजाओं और जमींदारों से साँठ-गाँठ का अन्दाज नहीं लगाया? स्वीकार करना होगा कि लगाया और ऐसी रचनाएँ भी प्रचुर मात्रा में आयीं जिनमें किसानों-मजदूरों को क्रान्तिकारी के रूप में पेश किया गया लेकिन उनके आधार में कल्पना और आरोपित सिद्धान्तों का रंग तेज होता गया, अर्थात् साहित्य के विषय में परिवर्तन हुआ लेकिन पद्धति पुरानी ही बनी रही; जबकि वास्तविकताओं की माँग ही कुछ और थी। व्याख्या अथवा सम्पर्क-सूत्र की जगह प्रगतिशील आलोचना रचना के लिए उपदेश बनकर सुर्खियाँ देने का काम करने लगी और इस तरह उसने पारम्परिक आलोचना-पद्धति से आन्तरिक एकता स्थापित कर इस बार संशोधनवाद का नया रास्ता अपना लिया। ऊपरी वैचारिक विभेद के बावजूद प्रगतिशील आलोचक कोशिश करके अपनी भिन्न स्थिति का निर्माण करते-करते अति-कल्पनावादी हो गये और वे यथार्थ के मार्ग से भटककर बहुत दूर जा पड़े। वे यह भूल गये कि सच्चे सामाजिक सन्दर्भों में चरित्रों की निर्मिति जनता की रागात्मक सीमा के भीतर होगी और आन्तरिक एवं बाह्य बाधाओं में चित्रित मनुष्य उन वास्तविकताओं को मूर्त करेगा, जिनके कारण सारा समाज तत्कालीन दशा में पहुँच गया है और वहीं खड़ा है। लोग समझ सकेंगे कि भूस्वामियों और महाजनों में दो तरह के लोग हैं, जिनमें एक तो अंग्रेजों के साथ मिलकर उनका खून चूस रहा है और दूसरा इतने मात्र से सन्तुष्ट नहीं है और विदेशी साझेदारी को हटाकर और भी बड़ा हिस्सा प्राप्त करना चाहता है। आगे चलकर विकास की दिशा ने स्पष्ट कर दिया कि जमींदारों और महाजनों का वह गठबन्धन पूरी तरह सफल हुआ, क्योंकि समय रहते प्रगतिशील चिन्तकों ने व्यापक जनता और जमींदार महाजन के बीच के अन्तर्विरोध की तत्कालीन वास्तविकताओं का चित्रण न कर प्रमुख कार्य को नजरअन्दाज किया। अंग्रेजों से संघर्ष करते समय दोनों स्तरों पर समान संघर्ष न चलाने के कारण राष्ट्रीय बुर्जुवा शक्तियों को जमींदारों तथा महाजनों की ओर झुकने का अवसर मिला। फलत: देश की शोषित जनता आजादी के बाद प्राप्त सत्ता पर वास्तविक अधिकार नहीं पा सकी।

सृजनात्मक क्षेत्र में इस खतरे से बचने के लिए लेखकों ने अपने और व्यापक जनता के बीच के अन्तर्विरोध को सही ढंग से नहीं सुलझाया और वास्तविक जीवन-सन्दर्भों की उपेक्षा कर सत्याभास को वास्तविक मान लिया। जिन सच्चाइयों का सृजन

किया गया वह नकली साबित हुई, क्योंकि अनुक्रमिक ढंग से हर स्तर पर संघर्ष करने की प्रौढ़ रणनीति की जगह कल्पना द्वारा बिना किसी राजनीतिक शिक्षा एवं जागरण के हर शोषित और गरीब को सर्वहारा मानकर तथा सामाजिक दशा के आकलन और उनकी चेतना के वास्तविक स्तर की सही समझ की उपेक्षा कर लेखकों से ऐसी चीजें, लिखने की माँग की गयी जो न तो उनके जीवन में थी, न समाज में। नतीजा यह हुआ कि सारा-का-सारा प्रगतिशील आन्दोलन रोमानी आदर्शवाद के दायरे में बँध कर, जनता के जीवन की वास्तविकताओं से कट गया और पुरानी आलोचना-पद्धति से जा मिला।

गरज कि स्वतन्त्रता के बाद के इन बीस वर्षों में यदि आलोचना सृजनशील लेखन के समानान्तर विकसित नहीं हुई तो इसका मूल कारण यह नहीं था कि नये आलोचकों को विकसित सामाजिक चेतना का आभास नहीं हुआ बल्कि यह कि आजादी के दौरान की चिन्तन-प्रकृति पर हावी बुर्जुवा आदर्शवादी चिन्तन अपने व्यक्तिमुखी स्वभाव के कारण समीक्षा-पद्धति के जिन आत्मपरक सिद्धान्तों की सीमा में चक्कर लगाता रहा था, उसने समाजवादी एवं मार्क्सवादी विचारकों तक को अपनी प्रभाव-सीमा में समेट लिया और वस्तुवादी निर्वैयक्तिकता पर आधारित ऐतिहासिक विकासवाद का यथार्थोन्मुखी चिन्तन व्यक्तियों की आत्मरति में खो गया। फिर तो वर्ग-चेतना और सामाजिक दशा के सही मूल्यांकन पर आधारित निरन्तर परिवर्तनों द्वारा साहित्य और कला की सार्वभौमिक समीक्षा-पद्धति कहीं नितान्त कठमुल्लापन, कहीं सुधारवाद की शिकार हो गयी और चूँकि पारम्परिक पद्धति में आलोचक की स्थिति एक निर्देशक की-सी थी, इसलिए इस लम्बी कालावधि में नये आलोचकों की दृष्टि पर उठायी गयी बार-बार की आपत्तियों ने उन पर कोई प्रभाव नहीं डाला। लेखकों के इस कथन पर कि, आलोचक साहित्य-क्षेत्र में एक अतिरिक्त कार्यकर्त्ता है और बेमानी उलट-फेर पैदा करता है, नये आलोचकों ने कभी भी कान नहीं दिया और यदा-कदा जरूरत के मुताबिक कुछ बाहरी नारों अथवा विदेशों में उठाये गये साहित्यिक प्रश्नों को सुविधानुसार अपनाकर स्थिति पर काबू पाने की कोशिश की या अपने दल-विशेष के नारों के आधार पर सिद्धान्त गढ़ने और उसे साहित्य में आरोपित करने के मिथ्या प्रयासों को बार-बार दुहराया; जबकि छायावाद-काल के आलोचकों और पुराने प्रगतिशील आलोचकों ने नये विकास की दिशा से सम्पूर्ण अपरिचय के कारण उतनी बड़ी गलतियाँ नहीं कीं और वे चुपचाप प्राचीन साहित्य के विवेचन की ओर लौट गये। रस-सिद्धान्त और काव्यशास्त्र से लेकर संस्कृत के कवियों और रामचन्द्र शुक्ल तथा महावीरप्रसाद द्विवेदी-युग से सम्बन्धित पुस्तकों की बाढ़ का मुख्य कारण यही है।

इस तरह समीक्षा के वर्तमान बेचारेपन के पीछे दो बातें स्पष्ट रूप से दिखायी पड़ती हैं। पहली यह कि जहाँ रचना बुर्जुवा आदर्शवाद के व्यक्तिप्रधान मार्ग को छोड़कर सर्वथा नये मार्ग पर चल पड़ी और उसने सामाजिक विकास के वास्तविक परिप्रेक्ष्य में परिवर्तित होनेवाली मानव-चेतना के संश्लिष्ट यथार्थ को पकड़ने के लिए, नये मनुष्य को उसके ही परिवेश में चित्रित करना शुरू किया, वहीं, आलोचना, चाहे वह किन्हीं प्रकार के विचारकों द्वारा लिखी गयी, साहित्य से पूर्वनियोजित प्रतिमानों के अनुकूल होने की माँग करती रही। स्पष्ट है कि रचना ने जहाँ पैरों के बल चलना शुरू किया वहाँ आलोचना अब भी सिर के बल कवायद करती रही।

रचनात्मक प्रकृति के इस नये परिवर्तन के साथ न होने के कारण आलोचक ने नयी परिस्थिति में अपने परिवर्तित कार्य को परिभाषित करने की तकलीफ भी गँवारा नहीं की। उसने नहीं देखा कि सहसा वह दूसरे स्थान पर पहुँच गया है और अब से नेतृत्व सृजनशील लेखक के हाथ में चला गया है। उसे रचनात्मकता और पाठक के बीच में कहीं सेतु बनने का दु:खद कार्य करना है तो कहीं रचनात्मकता और उसके सामाजिक सन्दर्भों के अन्तर्भेदों को सुलझाना अथवा व्याख्यायित करना है। साथ ही जिम्मेदारियाँ उसकी इतनी बढ़ गयी हैं कि उसे सृजनशील लेखक की ही भाँति वास्तविकताओं के प्रति सजग रहकर रचना-प्रक्रिया की सारी पीड़ाओं को भुगतना है। अब तक रचनात्मक श्रेष्ठता के प्रतिमानों को निर्मित कर वह यह लेखक पर छोड़ देता था कि उन ऊँचाइयों पर पहुँचने की पीड़ा का भोग लेखक भोगे, गिरे, उठे और फिर उठने के लिए गिरे। अब से उसके मत्थे यह काम आ पड़ा कि वह सृजन की ऊँचाइयों को प्राप्त करे और पूर्णता प्राप्त करने के प्रयत्नों के दौरान सामाजिक सच्चाइयों और सृजनशील साहित्य दोनों के प्रति समान रूप से सचेत रहे। लेकिन खेद के साथ मानना पड़ता है कि इस लम्बी अवधि में हिन्दी के नये आलोचक अपने अन्तर्विरोधों को किसी तरह सुलझा नहीं पाये।

अब तक की स्थापित व्यवस्था को कायम रखने और दृढ़तर करने के लिए सत्यान्वेषण की बात सभी लोग कहते हैं। लेकिन उसे अपनी व्यक्तिगत दृष्टि के अनुसार देखने और चित्रित करने के प्रयासों में एक ऐसी पद्धतिगत निरन्तरता है, जिसे अब किसी भी तरह नया बनाकर प्रस्तुत नहीं किया जा सकता। अब सवाल उसे परिवर्तित करने और पक्ष लेने का है। अब कतई गैरजरूरी और अर्थहीन है कि बनी-बनायी मान्यताओं के अनुसार जीवन के सत्यों को अपरिवर्तनशील मानकर उनकी व्यक्तिगत व्याख्या में समय बर्बाद किया जाये और स्थिति को जैसी-की-तैसी बनाये रखने के लिए कुछ और मिथ्या प्रयत्न किये जायें। जीवन के सत्य सबके लिए एक नहीं हो सकते, न हैं। वर्गसमाज में संवेदनाओं के वर्गगत आधार कटु सत्य हैं

और अन्ततः उन्हीं के द्वारा युग-सत्यों से साक्षात्कार सम्भव है। वर्तमान शोषक व्यवस्था में शोषकों और शोषितों के सत्य और उनके समर्थक मूलतः भिन्न हैं। इनमें से एक जहाँ अनेक कार्यविधियों; यहाँ तक कि शोषितों के हित में बातें बनाकर भी वर्तमान व्यवस्था को बनाये रखना चाहता है तो दूसरे के सामने एकमात्र लक्ष्य उसके आमूल परिवर्तन का है, क्योंकि सत्ता का वास्तविक अधिकार सत्ता ही में सन्निहित है। इसलिए शोषितों द्वारा सत्ता के छीन लिये जाने के अलावा परिवर्तन का कोई दूसरा अर्थ शेष नहीं रह गया है। बिना इस स्पष्ट धारणा के कला और साहित्य में आत्मानुराग और रोमान की निर्मिति तथा सत्य की जगह झूठ की रचना होती है। पौधा अपने स्वभाव की जमीन में ही सहज विकास पाता है, ठीक वैसे ही जैसे वर्ग-विशेष का व्यक्ति अपने वर्ग की आकांक्षाओं में ही सही आदमी बना रह सकता है, अन्यथा वह बनावट और कल्पना के सहारे कुछ अजीबोगरीब रूप धारण कर लेता है और हर वर्ग को ऐसे व्यक्ति के सम्बोधन के लिए विशेषणयुक्त भिन्न नाम की तलाश होती है। इसलिए आज की नयी परिस्थिति में यथार्थ की यही मान्यता है कि परिवर्तन के हामी और उपस्थित व्यवस्था के समर्थकों को दो स्पष्ट शिविरों में विभक्त कर दिया जाये। इसी स्थिति में साहित्य किसके लिए और किसके हित में जैसे सवाल की सार्थकता सिद्ध हो सकती है। क्योंकि, 'साहित्य मनुष्यमात्र के लिए' और 'मानस हित में' तथा आज के साहित्यकार का यह कथन कि 'मैं तो किसी के लिए नहीं लिखता' सही माने में तभी उत्तरित हो सकते हैं। मात्र इसी मार्ग से अब तक के सफेद झूठ के पीछे छिपी मानसिक गुलामी का रहस्य खुल सकता है। साथ ही यह भी स्पष्ट हो सकेगा कि ये सारे प्रयत्न सच्चाइयों को टालते जाने और वास्तविक प्रश्नों को पीछे ठेलने के लिए किये जाते हैं। इतना ही नहीं मानवीय संवेदनाओं के मात्र सामाजिक विश्लेषण को झूठ सिद्ध करने तथा रचना-प्रक्रिया को एक रहस्य की बात बनाये रखने के लिए क्षण-सत्यों से लेकर 'अव्यक्त मानवीय संस्कार' और ऐसे ही अनेक चमत्कारों की सृष्टि की जाती है और कसरत करके ऐसे 'नदी के द्वीपीय' कथानकों, पात्रों तथा परिस्थितियों का निर्माण किया जाता है जिनके सहारे यह सिद्ध किया जा सके कि ऐतिहासिक भौतिकवाद का सिद्धान्त अपूर्ण है और वह सम्पूर्ण मानवीय चेतना की परिभाषा नहीं करता। जबकि ऐसे सर्वथा बाह्य एवं परिश्रमसाध्य प्रयत्नों को सार्थक करने के लिए कल्पना द्वारा जो चरित्र निर्मित किये जाते हैं वे मनोवैज्ञानिक दृष्टि से कमजोर और झूठे सिद्ध होते हैं और निम्नकोटि के सृजन की परम्परा डालते हैं क्योंकि वे मानवीय संचेतना के विकास और परिवर्तन को अस्वीकार करने के कारण वास्तविकताओं से विमुख और निरन्तर पुराने सिद्ध होते जा रहे हैं।

अन्वेषण और प्रयोग के झूठे नारों में आज देश के हताश बुद्धिजीवियों की पराजय मुखरित हो रही है। साहित्यिक मान्यताओं के बारे में उनके द्वारा प्रचारित वक्तव्य उनकी निजी कुण्ठा के रूप में देखे जाने लगे हैं। क्योंकि, कलात्मक अभिव्यक्ति के व्यापक परिप्रेक्ष्य में उनके माध्यम से कोई भी प्रवेश सम्भव नहीं होता। जबकि यथार्थवादी कलादृष्टि द्वारा साहित्य का सर्वांगीण विवेचन और नये युग की रचना–दृष्टि के पृष्ठभूमि में काम करनेवाली सामाजिक शक्तियों की सही पहचान और विश्लेषण पूर्णत: सम्भव है।

समकालीन परिदृश्य और साहित्यकार का दायित्व

परिदृश्य-विचार हमारे आधुनिक जीवन-पूँजी के संवेग का परिणाम है। पूँजीवाद के विकास के दौरान व्यक्ति का केन्द्र में स्थापन और उसकी महत्ता की पहचान के साथ ही वह सामाजिक परिदृश्य हमारे लिये महत्त्वपूर्ण हो उठा था, जिसमें वह जी रहा था। उसकी परिवर्तनशील प्रकृति का अध्ययन करते-करते, पता चला कि उस पर सबसे अधिक प्रभाव तो उस परिवेश का है जिसमें वह जी रहा है, साँस ले रहा है। परिदृश्य इसी परिवेश का बाह्य प्रत्यक्ष है, लेकिन कई बार यह प्रत्यक्ष वैसा ही नहीं होता जैसा वह दिखायी पड़ता है। वह कुछ और भी हो सकता है, अथवा उसे दृष्टि-विधान में इस तरह उजागर करने का कोई अमूर्त मन्तव्य हो सकता है, अथवा वह मात्र भ्रम हो सकता है, अथवा वह परिणाम हो सकता है किसी खास ऐसी व्यवस्था का जो एक रोग की तरह इस परिदृश्य का निर्माण कर रही है।

परिदृश्य की व्याख्या करते समय प्राय: यही होता है और हम लक्षणों से चलकर बीमारी के मूल कारणों तक पहुँचते हैं। सच्चे और खरे निदान के लिए उन कारणों का विश्लेषण बहुत काम आता है जिनके लक्षण दृश्य में उभर आये होते हैं। उदाहरण के लिए आज के भारतीय सन्दर्भ में क्या नहीं है—भ्रष्टाचार, लूट, असमानता, असहिष्णुता, रेप, अपराध, रूढ़ियाँ, अन्धविश्वास; गरज कि यह गिना पाना मुश्किल है कि हमारा भारतीय समाज आज सामाजिक विकास के ऐसे मोड़ पर खड़ा है जहाँ सामन्तवाद की सारी जड़ताएँ पूँजी के विकास के साथ मिलकर कोढ़ पर खाज का काम कर रही हैं। सांस्थानिक परिवर्तनों की प्रक्रिया के बावजूद सारी आधुनिकता जहाँ-की-तहाँ रुकी हुई हैं। रहन-सहन, जीवन-वृत्तियाँ बदल रही हैं लेकिन विश्वास और चेतना जहाँ-के-तहाँ रुके पड़े हैं। इसी कारण भारतीय समाज में परिदृश्य की पहचान और भी कठिन हो गयी है। वह जो दिखता है—

वह वह नहीं है जैसा वह दिखता है। एक अजब तरह का कुहासा दृश्यजगत् में व्याप्त है जिससे आकृतियों की पहचान विरल हो गयी है। ऐसा नहीं कि कुछ लोग मेरी इस स्थापना से असहमत नहीं होंगे। हो सकता है कि उनकी आँखों में अँधेरे से पार देखने की विशेष शक्ति हो। यह तो सर्वविदित ही है प्रकृति ने ऐसी शक्ति कई पक्षियों को दे रखी है।

लेकिन लोग यह मानते हैं कि परिदृश्य परिवर्तनशील है। आज का भारतीय परिदृश्य वही तो नहीं है जो स्वतन्त्रता-संग्राम के समय था। अभिप्राय यह कि सामाजिक, राजनैतिक तथा आर्थिक स्थितियों के साथ परिदृश्य बदलता रहता है, लेकिन रचनात्मक दृष्टि ही कहाँ स्थिर रहती है—विचार, दर्शन, प्रतिश्रुतियों अथवा परम्परागत रूढ़ियों और धार्मिक मान्यताओं के प्रभाव उस पर भी वैसे ही पड़ते हैं जैसे सामाजिक परिदृश्य पर लेकिन भारतीय परिस्थितियों में एक महत्त्वपूर्ण विशेषता यह है कि हम एक अत्यन्त प्राचीन और प्रबुद्ध समाज हैं, जहाँ जीवन-सत्यों की खोज का काम बाकायदा खेती-बारी की तरह होता रहा है। और मसीहाई हमारे जातीय स्वभाव का हिस्सा बन चुका है। समकालीन परिदृश्य का बारीक विवेचन हो तो मिलेगा कि हमारे चेतनागत विकास की खिचड़ी मान्यताओं के ही जल में पक रही है। एक ही छत के नीचे समाज व्यवस्था के कई-कई स्तरों की नदियाँ निर्द्वन्द्व बह रही हैं। १८५७ की राज्यक्रान्ति के बाद अंग्रेजों ने इस सत्य को भली-भाँति समझ लिया था और उन्होंने सामाजिक परिवर्तन के सारे कार्यक्रमों को त्याग दिया था। बाद को, हमारे देशी शासकों ने भी उसी मार्ग का अनुसरण किया और उन कार्यक्रमों को अपने एजेण्डा पर आने ही नहीं दिया, जिससे भारतीय समाज का परिवर्तन होता है। नतीजा यह हुआ कि जातिवाद, साम्प्रदायिकता ही नहीं विवाह से लेकर अन्य सामाजिक कर्मों को लेकर निर्मित प्राचीन संस्थाएँ जैसी-की-तैसी बनी रह गयी थीं। स्त्रियों को जलाया जाना, भूमिजनों का उत्पीड़न, जाति-धर्म को लेकर झगड़े और प्रान्तीयता अथवा भाषा-विवाद हमारे आज के भारतीय परिदृश्य में मौजूद हैं। पहले ओढ़ी हुई आधुनिकता और अब उपभोक्तावाद, जिसे भारतीय शासक वर्ग ने, विश्व बैंक तथा अन्तरराष्ट्रीय मुद्रा कोष से मनमाना सशर्त कर्ज लेकर देश की प्रभुसत्ता को दाँव पर लगा दिया है। गरज कि आज का हमारा परिदृश्य उलझावों और अन्तर्विरोधों से अटा पड़ा है। वैचारिक वैपरीत्य और राजनीतिक रंगों ने उसे इस कदर चटख बना दिया है कि उस पर दृष्टि डालकर शलाका सत्य को अलग करना और आज के समय की रचनात्मक पहचान स्थापित करना महान् सृजन का काम होता। जो, शायद लीक पर चलकर सम्भव नहीं है। इसीलिए अब राजनीतिक, सामाजिक सन्दर्भों के साथ रचनाकार व्यक्ति के आन्तरिक सन्दर्भों पर

विशेष ध्यान देना होगा जिसे शायद हमारे प्रगतिशील मित्र भूल चुके हैं। वस्तुत: अब समय है व्यक्तिगत अवधारणाओं के आधार पर रचित साहित्य की। शायद रचनाकार की पहचान की अगली यात्रा यहीं से शुरू होगी। इसलिए वैचारिकों को रचना को रूढ़ बाह्य मान्यताओं की चुनौती से बाहर रखना होगा।

वस्तुत: हम जानकर भी अनजान हैं कि सृजन का उद्‌बोध एक रहस्य है जिसे आमतौर पर व्याख्यायित करना कठिन है।

यह सच है कि रचना का जन्म परिदृश्य और रचनात्मक बोध के अन्तर्संघर्ष से होता है और यह भी कि परिदृश्य का नकार भी परिदृश्य का ही परिणाम है जिन्हें व्याख्यायित किया जा सकता है। असम्भव स्थितियों में रचनाकार परिदृश्य की उपेक्षा करता है—वह इतिहास और फैण्टेसी में—मिथ और कल्पना में भाग जाता है अथवा उसे वाचन से हटाकर आख्यान की सीमा तक खींच ले जाता है। लेकिन सृजन का उद्‌बोध एक रहस्य है जिसे आमतौर पर व्याख्यायित नहीं किया जा सकता। बाह्य संसार अथवा वह सत्य जो व्यक्त अथवा मूर्त है इलेक्ट्रॉनिक मीडिया का चरागाह बन चुका है। वह दिन दूर नहीं जब उसके रेशे-रेशे पर उसका एकाधिकार होगा। जो कुछ बचेगा वह होगा लेखक का अन्तस्, उसका अनुभव। अनुमान है कि उसी की अभिव्यक्ति में रचना का अस्तित्व सुरक्षित रहेगा। ऐसी स्थिति में साहित्यकार के दायित्वों की बात करना असंगत है। क्योंकि वह स्वत: नियुक्त हैं फिर भी दायित्व में एक सीमांकन जरूर है जो रचनाकर्म के लिए असल है—एक प्रतिरोध जिसे मानने न मानने के दौरान उसके स्वानुभूत सत्य की अभिव्यक्ति बाधित होगी। इसलिए उचित तो यह होगा कि उसे स्वयं अपने दायित्वों के निर्धारण की स्वतन्त्रता हो और उचित-अनुचित का भोक्ता और जवाबदेह वह स्वयं हो। इसलिए वह यदि स्वयं किसी दायित्व का भार वहन करना चाहता है और वह दायित्व उसकी आत्माभिव्यक्ति का मूल स्त्रोत अथवा संवाहक है तो उसके प्रभाव में उसमें श्रेष्ठ सृजन की सम्भावनाओं से इन्कार नहीं किया जा सकता।

साम्राज्यवादी भाषा में बदहवास दलीलें

आधुनिक बोध का तस्कर व्यापार करनेवाली फर्म टाइम्स ऑफ इण्डिया की कारगुजारी को जरा ध्यान से देखा जाये तो यह तथ्य सहज ही स्पष्ट हो जायेगा कि आज के भारतीय समाज के नवजागरण एवं प्रगति के विरुद्ध यह ठीक वही कार्य कर रही है जो कभी सामन्ती शासकों द्वारा पाली गयी विष-कन्याएँ किया करती थीं। आज दुश्मनी का वह पुराना रूप शेष नहीं है। बड़े महाजनों और जमींदारों के सहयोग पर चलनेवाली जनतान्त्रिक व्यवस्था में जनता के दिमाग को उसके वास्तविक परिवेश के प्रति जागृत न होने देना एक ऐसी समस्या है जिसे सुलझाने के लिए पूँजीपतियों के अखबार धर्म, परम्परा से लेकर सेक्स, उदासीनता-जैसे भ्रम पैदा करनेवाले शब्दों और झूठे प्रतीकों का इस्तेमाल करने में व्यस्त हैं जिससे आधुनिक भारतीय चेतना को वास्तविकताओं से दूर रखा जाये। रंग-बिरंगी तसवीरों से सज्जित 'टाइम्स ऑफ इण्डिया' की पत्रिकाएँ आधुनिक विष-कन्याओं के रूप में भारतीय मानस में जहर फैलाने के काम में निरन्तर लगी हुई हैं। नौजवान लेखकों को खरीदकर सम्पादक बनाना फिर उनके द्वारा नये लेखकों को प्रचार और पैसे का लोभ देना और झूठ की दीवार को मजबूत करने में उनकी मदद लेना इनका कार्य हो गया है।

इसी प्रकाशन की कहानियों की पत्रिका 'सारिका' के नये सम्पादक ने अपनी पहली सम्पादकीय टिप्पणी में लिखा है, "—लेखक स्वयं यह तय नहीं कर पा रहा है कि कहानी में वह खुद को कहाँ रखे।" वैसे ही सम्पादक की हवाई टिप्पणियों और खिलाड़ी बच्चों की तरह हवा में मुक्केबाजी करनेवाले बेहोशी में लिखे लेखों और भाषणों को सुनकर हिन्दी के गम्भीर लेखक अक्सर मन-ही-मन मुस्कुराते और टालने की मुद्रा बनाते देखे गये हैं। लखनऊ के एक लेखक ने तो यहाँ बातों-बातों में कहा कि 'नयी कहानियाँ' में लिखी कमलेश्वर की सम्पादकीय टिप्पणियों से बढ़कर दूसरा कोई हास्यास्पद मसाला हिन्दी साहित्य में नहीं है।

वाक्यों का कथन, विचारों का तारतम्य और तर्क की बात तो दूर रही, इनमें से एक कैसा भी तथ्य कभी उभर जाये तो मेरा खयाल है कि लिखना ही छोड़ देंगे। इस सम्पादक की सबसे बड़ी विशेषता यही है कि यह सब-कुछ कहता है फिर भी कुछ नहीं कहता। यही कारण था कि नयी कहानियों के सम्पादन के अन्तिम चरण में मोहन राकेश को इनके सिर पर बैठाकर पत्रिका की नौका को डूबने से बचाने की कोशिश की गयी।

बहरहाल हाथ-पाँव मारते हुए कमलेश्वर उस घाट पहुँच ही गये जहाँ कई साहित्यकारों की लाशें मनमाना चाँदी के सिक्के निगल जाने के कारण फूलकर सड़ रही थीं। मानना पड़ता है कि सेठानी के घाट लगने की उनकी लम्बी साधना सार्थक हुई, चाहे उनके कथनों या साहित्य में कोई अर्थ हो या न हो। लगता है उन्हें अर्थ देने के बाद धर्मवीर भारती ने मालिकों के सामने उनकी नियुक्ति के समय ही मान ली है। भारती को 'सारिका' के सम्पादक के रूप में एक ऐसे ही कोरे प्रचारक की जरूरत थी जो चीख-चीखकर मजमा लगाये और मजमा लग जाने पर उस्ताद का नाम लेकर जमूरा बन जाये। वैसे विश्वविख्यात शायर फ़ैज़ के विरुद्ध गन्दा लेख लिखाकर और खूब अच्छी तरह ठोंक-बजाकर ही भारती ने जमूरों को जादू की थैली थमायी है।

देखा जा सकता है कि पहली बार भारती ने 'सारिका' को इतना मुखर सहयोग दिया है इसके अर्थ देने के उनके कार्यक्रम का पहला चरण ही कहा जा सकता है। स्पष्ट है कि पूँजीवादी अर्थव्यवस्था में स्पष्ट अर्थवत्ता खतरनाक मानी जाती है और भारती-जैसे सधे हुए ब्रोकर अर्थ की अपनी शीशी रखनेवाले लोगों से घबराते हैं।

'सारिका' के नये दोनों अंकों में वे पत्रिका की गर्दन पर सवार हैं और साहित्य के मैदान से मिली उपेक्षा का बदला वे अपनी तसवीरें और कालम छपवाकर नहीं दे रहे हैं वरन् अपनी घरेलू तिकड़मबाजी का कूड़ा भी 'सारिका' के मत्थे मढ़ रहे हैं। श्री सच्चिदानन्द वात्स्यायन 'अज्ञेय' का व्यक्तित्व और साहित्य-उपलब्धियाँ भारती के लिए सदा ईर्ष्या का विषय रही हैं। अब टाइम्स ऑफ इण्डिया से निकलनेवाले 'दिनमान' का कथित गम्भीर और पढ़े-लिखे लोगों के बीच प्रवेश (धर्मयुग जैसी घटिया और सतही रंगीन पत्रिका के मुकाबले) भारती के दिल में काँटे की तरह चुभ रहा है। चुटुकलों और मजाकों के द्वारा दोस्तों के खिलाफ गन्दा प्रचार करने में भारती माहिर हैं। 'सारिका' के पहले ही अंक में वात्स्यायन पर एक चुटकुला छपा है कहना न होगा कि नये सम्पादक के लिए यह 'दूसरा अर्थ' है। पहले आधारभूत अर्थ को विस्तार देने के लिए उन्होंने एक कालम सँभाल लिया है—'चिकनी सतहें, बहते आन्दोलन'।

साहित्य और आज का सन्दर्भ

सवाल यह है कि क्या हर समय के साहित्य का अलग-अलग कोई विशिष्ट सन्दर्भ होता है? कुछ लोग कहते हैं, नहीं। क्योंकि वे न मनुष्य को जानते हैं, न उसकी चेतना को। उन्हें बस इतना पता है कि आदमी ईश्वर का दिया दिल-दिमाग लेकर पैदा हुआ है, इसलिए वह जैसे पाँच सौ वर्ष पहले प्यार करता था वैसे आज भी करता है। उसकी घृणा, मोह, करुणा तो आज भी बची रह गयी है—इन्द्रियाँ सबूत हैं तो आदमी बदला कहाँ? वह तो वही है, बस समय पानी की तरह उसके अगल-बगल से गुजर गया।

कहना न होगा कि ये लोग ऊपरवाले के सही पुत्र हैं। इसी कारण अपने लिये उनकी कोई बद्धता नहीं है। इनका ज्ञान, इनकी आँखें वही इनका अज्ञात पिता है, जिसकी अनजान मर्ज़ी ने इन्हें माँ के गर्भ में डाल दिया है और उस परमपिता की ही कृपा है कि ये धरती पर चल रहे हैं—जब कभी वह चाहेगा, इनकी अँगुलियाँ पकड़कर इन्हें ऊपर को खींच लेगा। अभिप्राय यह कि हमारा जो भी ज्ञान है, हमारी जो भी क्रिया है, वह मनुष्यकृत नहीं और इस तरह ये मनुष्य को इतिहास के भौतिक विकास-मार्ग से अलग कर देते हैं।

सम्प्रति हम सभी ने ऐसे लोगों की बात करना छोड़-सा दिया है। लेकिन ब्योरे में इस बात से छुट्टी पाना जरा टेढ़ी खीर है। हमारी चेतना में जाने कितनी सतहें इस प्रकार छूटी पड़ी हैं, जहाँ यह पुरानी धारणा 'अमीबा' की तरह चिपकी बैठी है और लाख उपचार करने पर भी खोल ओढ़े अपने को आक्रमणों से बचाती फिरती है। मसलन आज भी चरित्र के अपरिवर्तनीय 'दुःख-भोग' अथवा रचनात्मक क्षण की विलक्षण सृष्टि आदि में वही कीटाणु छिपे बैठे हैं जो आदमी की भौतिक चेतना और उसके स्वतन्त्र कृतित्व को नकारने के लिए जासूस की तरह रूप बदलकर दिखलायी पड़ते रहते हैं।

कुल मिलाकर हम आदमी के बाह्य और आन्तरिक क्रिया-कलाप में भौतिक शक्तियों के योग को प्रमुख मानने लग गये हैं और मैं व्यक्तिगत रूप से यहाँ तक जाने को तैयार हूँ कि जीवन का जो हिस्सा व्याख्या से परे चित्रित किया जाता है वह शायद इसी कारण कि ईश्वर की तलवार अब भी लोगों के सिर पर लटकी हुई है। और, इस बहाने इस युग के मनुष्य के निरन्तर मुक्ति की ओर बढ़ते मार्ग को अवरुद्ध करना या क्षण भर के लिए भटकाना भी ऐसे लोगों का उद्‌देश्य होता है।

एक बड़ा ही प्रबल सन्दर्भ रचनाकार का अपना भी होता है—नितान्त निजी दुनिया के बड़े-बड़े लेखक इस निजी सन्दर्भ को बड़ी अहमियत देते हैं। है भी यह ऐसा ही। मनुष्य के खुद के सम्पूर्ण परिचय में ऐसी भिन्नताएँ होती हैं कि एक से दूसरा सर्वथा अलग दिखता है, वैसा ही उसका आन्तरिक सन्दर्भ भी है। कला-पारखी के लिए इस सन्दर्भ की पहचान ही मुख्य है। पानी में तैरती मछली की तरह यह सन्दर्भ मुट्ठियों में आकर फिसल जाता है और बाहरी रोशनी से ऐसे-ऐसे रंग पकड़ता है कि सहसा इसे पहचान लेने में दाँतों पसीना आ जाता है। मसलन आज के समय पर बात चल रही है तो आज नितान्त निजी सन्दर्भ से पीड़ित लेखक के पात्र, अनुभूतियाँ, परिस्थितियाँ, वस्तुओं के नाम और अन्य अनेक विवरण स्वभावत: आज के होंगे और पाठक को लगेगा कि इस रचनाकार द्वारा निर्मित सन्दर्भ ही आज का सन्दर्भ है। यह पता लगाना जरा पैनी दृष्टि का काम है कि कहीं ऐसा तो नहीं कि रचनाकार अपने आन्तरिक सन्दर्भ को ही समूचे सन्दर्भ पर प्रक्षेपित कर रहा है। जैनेन्द्र कुमार, अज्ञेय से लेकर हमारी नयी पीढ़ी में भी ऐसे रचनाकारों की खासी बड़ी पाँत है जो अपने नितान्त निजी पीड़ा के आधार पर आधुनिक वातावरण तैयार करते हैं और इस तरह सजग और पैनी आलोचना के अभाव में अपने सन्दर्भ को सामाजिक सन्दर्भ का रूप बताकर, देर तक वास्तविकता की तरह-तरह की प्रतिलिपियाँ पेश करते रहते हैं। कहना न होगा कि इन लेखकों के लिए बारहों मास हरियाली-ही-हरियाली छायी रहती है—ये अपनी ही मनोवांछाओं का जीवन देखते हैं और उसी को परम भव्य मानकर दुहराते-तिहराते रहते हैं।

क्षण भर यहीं रुककर इस सन्दर्भ की जाँच करना बहुत दिलचस्प होगा। इसलिए कि यह व्यक्तिगत सन्दर्भ कुछ अजीब-अजीब-सी बेमेल और परस्पर-विरोधी बातों से निर्मित होता है। कभी वह प्रेमिका की उपेक्षा से लेखक के दिल को थामकर बैठ जाता है तो कभी देश-प्रेम, जाति-प्रेम, साम्यवाद-प्रेम जैसे अनेक जो ऐसे दूसरे प्रेम-तत्त्व हैं, अनेक जो ऐसे सूत्रमय आकर्षण हैं, ये आदमी

को जीवन से नहीं वरन् मात्र अपनी सामयिक आकांक्षाओं से, किताबों से, किसी विशिष्ट व्यक्ति से मिल जाते हैं और रचनाकार उन्हें रेशम के कीड़ों की तरह दिल में पाल लेता है। उसके लिए भावना ही प्रमुख हो उठती है, उसकी प्रतिक्रिया अथवा परिवेश नहीं। और, सृजन के क्षणों में वह अपनी निजी अवधारणा से फुरसत नहीं पाता। इसलिए, इस रोग का प्रतिफल जहाँ एक ओर नितान्त निजी कुण्ठाओं के साहित्य में होता है, वहीं दूसरी ओर इसी के कारण झण्डाधारी साहित्य भी लिखा जाता है।

वास्तविक रचना की सृष्टि वही होती है जहाँ बाह्य सन्दर्भ भीतर के सन्दर्भ से अनवरत् जुड़ा रहता है, जहाँ लेखक अपने आन्तरिक सन्दर्भ से पृथक् होकर उसका ठीक निरीक्षण कर सकने की क्षमता पैदा कर लेता है और बाह्य सन्दर्भ को आत्मिक सन्दर्भ बनाने की प्रक्रिया को समझ लेता है। ऐसा रचनाकार कभी झूठ की सृष्टि नहीं करता, इसलिए हम सत्य की सृष्टि को, यथार्थ के निर्माण को ही आज की नयी रचना का उद्देश्य मानने लगे हैं।

कभी-कभी यह भी भ्रम होता है कि बाह्य सन्दर्भ ही वास्तविक है और उन्हीं का यथावत चित्रण ही उस काल का नया सन्दर्भ है। उदाहरण के लिए किसी जुर्म में जेल जाते अपराधी को देखकर लगता है कि भाई ठीक है, अपराध किया है इसलिए जेल जा रहा है, लेकिन यह मालूम होने पर कि यह बेचारा गरीब कुछ रुपये के लोभ में जेल जा रहा है, असली अपराधी तो इसका मालिक है, समझ का स्तर बदल जाता है और एक प्रत्यक्ष दिखनेवाली बात के कुछ दूसरे पहलू भी सामने आते हैं, तो यह भी बाह्य सन्दर्भ है और यदि जेल जाने की यह विधि नयी है तो समसामयिक जीवन पर एक हलकी रोशनी इससे भी पड़ सकती है। इसी तरह राजनीति, युद्ध, आपसी कलह, व्यभिचार, कुण्ठा, गरज कि सब-कुछ जो समकालीन आदमी के जीवन में है, वह उसके बाह्य सन्दर्भ का हिस्सा है और इससे लेखक किसी-न-किसी तरह गहराई से जुड़ा हुआ है—कम-से-कम उन रचनाकारों के लिए जो यह मानते हैं कि मनुष्य ऐतिहासिक विकास के भिन्न स्तरों से गुजरकर जीवन के वास्तविक सन्दर्भ को पहचानने के नजदीक पहुँच रहा है।

लेकिन सन्दर्भ की इस चर्चा में जहाँ एक ओर रचनाकार का आन्तरिक सन्दर्भ उलझन से भरा है और उसकी पकड़ आलोचक के लिए एक चुनौती है, वहीं बाहरी सन्दर्भ भी वही नहीं है जो दिखता है। इन्द्रिय-बोध का एक सहज स्वाभाविक विधान है। आँखें जैसे को तैसा देख लेती हैं, कान सुन लेते हैं, चर्म स्पर्श को अंकित कर लेते हैं, लेकिन जब ऐसे बोध की प्रतिक्रिया भिन्न होने लगती, तो इससे किसी

गहरे सामाजिक परिवर्तन का संकेत समझना चाहिए। जिस तरह आन्तरिक सन्दर्भों के परिवर्तित होने पर दूसरों का दुःख-दर्द, दूसरों की पीड़ा, माँ का प्यार, भाई का स्नेह किसी एक व्यक्ति के अन्दर कोई प्रकृत प्रतिक्रिया नहीं जगाते तो हम कहते हैं, आदमी कुण्ठित हो गया है, समाज-विरोधी हो गया है, उसी तरह जब पूरा-का-पूरा समाज, जीवन की वास्तविक संवेदनाओं के प्रति उदासीन हो उठे, लेकिन उसके आचरण में परिवर्तन न आये और कथनी-करनी में भयंकर खाईं बढ़ने लगे तो समझना चाहिए, कि यह मूल्यों के विघटन का काल है। लेकिन, जो इस सत्य को देख पाता है वह भी एक सीढ़ी पीछे है और इसी मात्रा में उनसे पुराना है जो खुद उन्हीं आँखों से इस समाज को देख रहा है। अर्थ यह कि वह इस संक्रान्ति का ही वास्तविक पुत्र है और उसके अंकन का पूरा उत्तराधिकार उसे ही है, क्योंकि उसी के आन्तरिक सन्दर्भ आज के बाह्य सन्दर्भ के समीप पड़ रहे हैं। वस्तुतः उसी के पास अँधेरे में दिखनेवाली आँखें हो सकती हैं जो अँधेरे में बढ़ा है। दूसरे दृष्टिवान् तो इस विचित्र सन्दर्भ में अँधियारे का अनुभव कर रहे हैं। हाँ, उनकी बात जाने दीजिये जिनके लिए रात-दिन में कोई फर्क ही नहीं होता।

हमारा आज का सन्दर्भ कुछ ऐसा ही है। एक तरह से देखें तो जो दिखायी पड़ रहा, वह है नहीं। गरीबी के इस भयंकर सन्दर्भ को पूँजीवाद के विकास ने बुझौवल के बिन्दु पर ला खड़ा किया है। सबसे बड़ी शासनारूढ़ पार्टी समाजवाद स्थापित करने के लिए कमर कसकर तैयार है और गरदन उठा-उठाकर अपने लक्ष्य की घोषणा में निमग्न है, लेकिन सामान्य आदमी के बदन से कपड़े उतरते जा रहे हैं। उसका पेट कटता जा रहा है। जो समझदार विरोधी हैं, वे यहाँ तक पहुँच चुके हैं कि भाई कम-से-कम ये कहते तो हैं, इसलिए इन्हीं की आवाज में बोलने में बात को अर्थ मिलेगा। कुल मिलाकर आज का सन्दर्भ ऐसा है जिसे हम सन्दर्भहीन सन्दर्भ कह सकते हैं, इसलिए इसे वास्तविक सन्दर्भ बनाने की समस्या ही हमारे युग की मुख्य समस्या है। नये आदमी की सही तसवीर बनाने का मतलब ही है कि उसकी कथनी का ढकोसला उतार फेंका जाये और उसके आन्तरिक सन्दर्भ से सामीप्य प्राप्त किया जाये। लेकिन यही लगता है कि जो हमारे लिये आज समस्या है, वही कुछ लोगों का आन्तरिक सन्दर्भ है। एक ओर इस नये आन्तरिक सन्दर्भ को समझने का प्रयत्न है, दूसरी ओर यही आन्तरिक सन्दर्भ एक सच्चाई है। यदि इसे और भी स्पष्ट करके कहें तो देखना यह है कि क्या इस नये सन्दर्भ का आन्तरिक वर्णन करनेवाली कोई पीढ़ी हमारे सामने आ गयी है? क्या इस अँधेरे सन्दर्भ ने अपने वास्तविक उत्तराधिकारियों को जन्म दे दिया है? उत्तर नयी रचनाओं में खोजना होगा जहाँ का 'मैं' सहसा अत्यन्त संकुचित दायरे में आत्मिक अनुभव-खण्डों का विवरण

प्रस्तुत करते हुए यह भूल रहा है कि उसकी रचना का कोई सन्दर्भ भी है! और समाज के व्यापक सन्दर्भ में उसकी यह विस्मृति उसे व्यक्तिवादियों से, अद्‌भुत के रूप से अलग एक नये यथार्थ के सृजन के नजदीक ले जा रही है। शायद नये यथार्थ के निर्माण की नयी दिशा यही है, क्योंकि पुरानी पीढ़ी इसके लिए अन्वेषण अथवा उद्‌घाटन का मार्ग अपनाने लगी है, इसलिए उसका दृष्टिकोण जहाँ रोमानी होता जा रहा है, उसके चरित्र दिन-पर-दिन काल्पनिक और गढ़े हुए लगने लगे हैं।

●

प्रगतिशील साहित्य की जिम्मेदारी

बदलते सन्दर्भों में प्रगतिशील साहित्य और साहित्यकार की भूमिका, लम्बे अर्से से एक विचाराधीन विषय है। प्रगतिशील साहित्यकार की यह मान्यता है कि परिस्थितियों में बदलाव के साथ ही यथार्थ भी परिवर्तित होता है तथा यथार्थ में परिवर्तन के साथ ही उसके प्रति साहित्यकार का तादात्म्य और सम्बन्ध भी बदलता है। इस प्रक्रिया में, बदलते हुए सन्दर्भों में, साहित्यकार के सामने जो मुख्य सवाल या मुख्य वस्तु होती है, वह जीवन में परिवर्तन की दिशा को देखने-समझने की होती है। साहित्यकार का विषय, अक्सर बाह्य जीवन में हुआ परिवर्तन नहीं होता। हमेशा वह बाह्य परिवर्तन के भीतर के मूल तत्त्वों की तलाश करता है। इसलिए किसी भी घटनाक्रम में जब जीवन परिवर्तित होता है, तब साहित्यकार का मूल दायित्व उस क्रम से सम्बद्ध मनुष्य में आये परिवर्तनों को देखना होता है। वह यह देखता है कि उक्त घटनाक्रम का मनुष्य की प्रवृत्तियों पर क्या असर हुआ है, इसके पीछे जन-मानस की कौन-सी मूल बातें काम करती रही हैं और अब इस घटना के परिणामस्वरूप जनता की चेतना किस रूप में संवर्द्धित या परिवर्द्धित हुई है।

इस दृष्टिकोण से देखने पर कभी-कभी ऐसा लगता है, खासतौर पर हमें स्वतन्त्रता-प्राप्ति के बाद से, तो लगातार यह महसूस होता रहा है कि राजनीतिक परिवर्तनों की तुलना में मानवीय परिवर्तनों की प्रक्रिया, जो सांस्थानिक या संस्थागत परिवर्तन के रूप में आकार लेती है, काफी धीमी रही है। तात्पर्य यह है कि हमारे समाज का बहुसंख्यक वर्ग आज भी धर्म की संस्कृति या संस्कारों की कुण्ठा में उसी प्रकार फँसा हुआ है। उसके सोचने-विचारने के तरीके में कोई तब्दीली नहीं आयी है। प्रगतिशील सन्दर्भों में साहित्यकार का मुख्य दायित्व यही है कि वह मानवीय परिवर्तनों की इस प्रक्रिया को तेज करे। परिवर्तन की इस प्रक्रिया को तेज करने का मतलब यह है कि साहित्यकार मनुष्य को परिवर्तनकारी कार्यों के लिए या सामाजिक

क्रान्ति के लिए तैयार करने में सहायता पहुँचाये। आनेवाले परिवर्तनों के लिए या सामाजिक क्रान्ति के लिए या सर्वहारा क्रान्ति के लिए मानवीय परिवर्तन द्वारा मनुष्य को तैयार करने का काम ही साहित्यकार का मुख्य दायित्व है।

यह सही है कि किसी संघर्ष के संचालन में साहित्यकार की कोई बहुत बड़ी क्रान्तिकारी भूमिका नहीं हुआ करती। संघर्ष में शामिल मनुष्य को परिवर्तन के योग्य बनाना ही साहित्यकार का दायित्व है। साहित्यकार का काम मनुष्य की उन कुण्ठाओं या संस्कारों के साथ लगातार संघर्ष करना है जो कि मनुष्य के क्रान्तिकारी बनने की राह में रुकावट पैदा करती है। यह दुर्भाग्य का विषय है कि हिन्दी साहित्य में प्रगतिशील साहित्य के नाम पर जो चिन्तन हुआ है उसमें बाह्य परिवर्तनों या बाह्य प्रभावों को लेकर एक लम्बे दौर तक बहुत-सी रचनाएँ लिखी गयीं लेकिन आज वे रचनाएँ अधिकांश लोगों के दिमाग से विस्मृत हो चुकी हैं। यह हो सकता है कि व्यापक रूप से मानसिकता तैयार करने में, परम्परागत मानसिकता तैयार करने में उन रचनाओं का कुछ योगदान रहा हो, लेकिन साहित्य की मूलधारा से वे रचनाएँ कटी हुई रही हैं। पिछले दिनों का हमारा अनुभव यही बताता है। इसका एकमात्र कारण यह है कि जिस मानवीय संवेग और सन्दर्भों से और जिन सांस्थानिक परिवर्तनों को तेज करने के लिए साहित्यकार की भूमिका होनी चाहिए थी, उसको साहित्यकारों ने समझा नहीं।

इस दृष्टिकोण से सन्दर्भों के परिवर्तन पर बात करते हुए साहित्य की परम्परा को अनदेखा नहीं किया जा सकता है। उदाहरण के लिए यदि हम पिछले दस वर्षों के या पिछले एक या दो वर्षों के साहित्यिक वातावरण का अध्ययन करें तो हमें यह देखना होगा कि इस समय समाज में साहित्य की स्थिति क्या है? साहित्यकार का दायित्व-बोध निर्धारित करते समय हमें यह देखना होगा कि सांस्थानिक परिवर्तन तेज हो रहे हैं या नहीं या मनुष्य की प्रवृत्तियों, दूसरे शब्दों में, उसके संस्कारों और भावों में परिवर्तन तेज हो रहे हैं या नहीं। इसके साथ-ही-साथ, साहित्य की परम्परा को भी देखना होगा। साहित्य की स्थिति समाज में क्या है, इसको बिना समझे या इससे अलग प्रगतिशील साहित्य की कोई भूमिका नहीं हो सकती।

स्वतन्त्रता-प्राप्ति के बाद और अब तक साहित्य की जो भूमिका समाज में हम देखते आ रहे हैं वह भूमिका दिन-प्रति-दिन कम होती जा रही है। समाज को प्रभावित करने की साहित्य की क्षमता दिन-ब-दिन चुकती चली जा रही है। अब तो हालत यह हो गयी है कि साहित्यिक पुस्तकों की बिक्री बहुत ही कम होती जा रही है। सामान्यजन की साहित्यिक पुस्तकों में दिलचस्पी बेहद कम रह गयी है।

हिन्दी किताबों का दो हजार का एडीशन तीन-तीन, चार-चार साल में बिकता है और एडीशन खत्म नहीं हो पाता है। बड़े-बड़े स्वनामधन्य लेखक ऐसी स्थितियों के शिकार हैं। इसका कारण यह नहीं है कि लोगों की पढ़ने-लिखने की प्रवृत्ति कम हुई है, क्योंकि हम देखते हैं कि ऐसी पत्रिकाएँ जो कि क्राइम, मर्डर या जासूसी की चीजें छापती हैं उनकी संख्या लाखों तक पहुँच रही है। इसलिए समाज में साहित्य की स्थिति क्या है, इसको समझना बहुत जरूरी हो जाता है। मानवीय परिवर्तन की दिशा को देखते हुए यह भी देखना होगा कि साहित्य में समाज को प्रभावित करने की कितनी क्षमता रह गयी है? उन स्थितियों को देखते हुए यह आसानी से कहा जा सकता है कि धीरे-धीरे एक ऐसा समय आयेगा जब हमारे सामाजिक जीवन में साहित्य एक बहुत ही सुपरफीशियल चीज बनकर रह जायेगा।

पूँजीवादी विकास की जिस गति से हमारा देश गुजर रहा है और जिस प्रकार से सारे मानवीय मूल्यों की हत्या की जा रही है, जिस प्रकार से सारे सम्बन्धों को विच्छिन्न किया जा रहा है उसको देखते हुए यह निश्चित रूप से कहा जा सकता है कि दिन-प्रतिदिन वह स्थिति और भी करीब आती चली जायेगी जब साहित्य की स्थिति को सुरक्षित रखने के लिए संघर्ष करना ही प्रगतिशील साहित्यकार का मुख्य दायित्व हो जायेगा। सृजनात्मक साहित्य यानी कि उस साहित्य की जो हमारी कलात्मक अनुभूतियों की देन है, उसकी सुरक्षा ही, प्रगतिशील साहित्य का सबसे बड़ा काम बन जायेगा। और, हम यह देख रहे हैं कि ऐसी स्थिति हमारे करीब आती जा रही है। हिन्दी के तमाम बड़े-बड़े प्रकाशकों ने, जो हिन्दी की पुस्तकें या नये लेखकों की रचनाएँ प्रकाशित किया करते थे, अब रचनात्मक साहित्य का प्रकाशन बन्द कर दिया है। वर्ष-पर-वर्ष बीत जाते हैं, लेकिन हिन्दी की नयी छपी हुई श्रेष्ठ दस पुस्तकों को भी खोज पाना हमारे लिये मुश्किल हो जाता है। पहले जहाँ हम हर वर्ष साहित्य के क्षेत्र में एक-दो नये लेखकों को उभरते हुए देखते थे वहीं आज यह प्रक्रिया एकदम बन्द हो गयी है। इन स्थितियों को देखते हुए यह कहा जा सकता है कि आगे चलकर वास्तविक सृजनात्मक साहित्य की सुरक्षा भी प्रगतिशील साहित्य आन्दोलन का एक अंग बन जाये या यह भी जरूरत महसूस हो सकती है कि भारतेन्दु से लेकर आज तक के साहित्य की जाँच-पड़ताल करें और उसमें सृजनात्मक साहित्य की पहचान करें और अपनी मूल परम्परा से जुड़कर साहित्य को सुरक्षित रखने के लिए ही संघर्ष करें।

इसलिए बदलते हुए सन्दर्भों में प्रगतिशील साहित्य की भूमिका पर विचार करते हुए जहाँ हमें राजनीतिक और सामाजिक परिवर्तनों पर विचार करना होगा वहीं हमें इस पर विचार करना होगा कि साहित्य की स्थिति समाज में क्या है, परम्परागत

स्थितियों में आज का विकास उसे कहाँ ले जा रहा है? पिछले दिनों इलाहाबाद में एक लेखक सम्मेलन हुआ था। उसमें भी लेखकों के सामने यही सवाल था। अधिकतर नये लेखकों ने ही साहित्य की भूमिका पर बहुत-से सवाल उठाये। बहुत दिनों से हम सभी इस बात पर विचार कर रहे हैं कि साहित्य को जनता में पहुँचाने का या जनता की भावनाओं को व्यक्त करने का या जनता के जीवन को परिवर्तित करने का क्या माध्यम अपनाया जाये? यह निश्चित है कि जो साहित्य पढ़ा नहीं जाता, जिस साहित्य का जनता पर असर नहीं होता वह केवल कुछ पत्रिकाओं में छपकर कुछ लोगों तक पहुँचकर ही रह जाता है। कुछ लोग यह कहते हुए पाये जाते हैं कि नया या पुराना साहित्यकार दोनों में ही जनता के परिवर्तित जीवन की समझ नहीं है इसलिए इनका साहित्य जनता को स्पर्श नहीं कर पाता है। यह भी कहा जाता है कि साहित्यकार की सम्पृक्ति जनता के साथ नहीं है यानी कि साहित्यकार जनता के आन्दोलन के साथ जुड़ा हुआ नहीं है इसलिए इन परिस्थितियों की समझ उसमें नहीं रह गयी है। लेकिन यह आकलन सही नहीं है। जैसे-जैसे पूँजीवाद का शिकंजा देश पर बढ़ता जा रहा है, वैसे-वैसे, साहित्य की भूमिका समाज में बहुत ही कम होती जा रही है। ऐसी स्थिति में हमारे सामने मुख्य विचारणीय प्रश्न यह है कि साहित्य की स्थिति को किस प्रकार बचाया जाये?

आपात्काल की घोषणा ने सभी लोगों को एक आश्चर्य की स्थिति में डाल दिया था, लेकिन ऐसी कोई पुस्तक या रचना सामने नहीं आयी जिसके प्रकाशन के बाद किसी स्वनामधन्य साहित्यकार को सरकार को दण्ड देने की आवश्यकता पड़ी हो या उसको जेल में डालने की आवश्यकता पड़ी हो। आपात्काल की घोषणा के बाद उसे धोखा दिया गया, प्रचार मशीनरी द्वारा यह प्रचार किया गया कि कुछ ऐसे तत्त्व हैं जो समाज को नष्ट करना चाहते हैं, शासन को, सत्ता को बर्बाद करना चाहते हैं, इसलिए पहले तो लोगों ने इस ओर ध्यान नहीं दिया, लेकिन बाद में वास्तविकता लोगों के सामने खुलती गयी, जनता में और साहित्यकारों में एक व्यापक घुटन का वातावरण बन गया। लेखकों में आपात्काल को लेकर आपस में बहुत शोर-शराबा हुआ लेकिन किसी भी साहित्यकार को उसकी रचना के कारण उस शोर-शराबे में गिरफ्तार नहीं किया गया, विचारों की बात अलग है। इसके कारण गिरफ्तार कुछेक लोगों को गिनाया जा सकता है। मसलन इलाहाबाद से डॉ० रघुवंश की गिरफ्तारी! उनकी गिरफ्तारी का कारण उनका साहित्य नहीं था, बल्कि एक सर्वोदयी पत्रिका 'ग्राम-समाज' से जुड़े होना था। सत्यव्रत सिन्हा जनसंघ के साथ सम्बन्ध रखते थे, इसलिए उन्हें गिरफ्तार किया गया। कहने का मतलब यह है, कि उस दौरान साहित्यकारों ने जो चुप्पी साध रखी थी, वह सकारण थी। साहित्यकार अपने को

खतरे में नहीं डालना चाहता था। सत्ता की क्रूरता का आभास साहित्यकार को हो गया था। उसने यह भाँप लिया था कि उसने जैसे ही कुछ महत्त्वपूर्ण लिखा उसे जेल में डाल दिया जायेगा। लेकिन वास्तविक स्थिति यह है कि उस तरह का कुछ हुआ नहीं।

लेकिन जैसे-जैसे सत्ता अपना वामपन्थी स्वरूप समाप्त करती चली गयी, जैसे-जैसे मजदूरों का बोनस रद्द किया जाता, लाइसेन्सों की समाप्ति आदि इसी प्रकार के जन-विरोधी कामों से जनता ने सत्ता के दक्षिणपन्थ की ओर बढ़ते हुए रुख को पहचानना शुरू कर दिया। जनता में विरोध की भावना बढ़ने लगी। जनतान्त्रिक उपलब्धियों के लिए परिवर्तन हुए, चुनाव हुए और उसके बाद दूसरा समुदाय आ गया। क्या यह परिवर्तन कोई दूरगामी परिवर्तन है? प्रगतिशील साहित्यकार के लिए यह समय अत्यधिक विचार का समय है। प्रगतिशील साहित्यकार के लिए इस समय यह सोचना कि यह सत्ता में जो परिवर्तन हुआ है वह एक ही प्रकार के दो हिस्सों का फेरबदल है, जैसे वे थे वैसे ही वे हैं; अभी इस स्टेज पर यह सोचना ठीक नहीं है। हम अभी यह नहीं कहना चाहते हैं कि शासन में जो नयी शक्तियाँ आयी हैं वे पिछली शक्तियों से कहीं अधिक भयंकर होंगी।

इस परिवर्तन को हमें आलोचनात्मक दृष्टि से देखना चाहिए। देश में जनतान्त्रिक इच्छाओं की पूर्ति के लिए एक खास तरह का परिवर्तन हुआ है। लेकिन, यह परिवर्तन कोई मूलभूत परिवर्तन नहीं है। इस बात को प्रगतिशील साहित्यकार को समझ लेना चाहिए। हमें यह देखना होगा और हमेशा सतर्क रहना होगा इस बारे में, कि ये शक्तियाँ देश को किस ओर ले जा रही हैं? क्या ये शक्तियाँ क्रान्तिकारी परिवर्तनों को तेज करने की प्रक्रिया में बाधा पहुँचाती हैं, उनसे टकराती हैं, उनसे लड़ती हैं। प्रगतिशील साहित्यकार की जिम्मेदारी यही है कि वह उसी तरफ जनता को ले जाय जहाँ यह टकराहट तेज हो ताकि इनका वर्ग-चरित्र हमारे सामने खुले और हम यह देख सकें कि ये शक्तियाँ जनता के कितनी नजदीक हैं और जनता की कितनी भलाई ये कर सकती हैं, जनता की मनोभावनाओं को कितनी दूर तक ये ले जा पाती हैं।

●

गोदान : उपन्यास और चरित्र

'गोदान' में चरित्रांकन जैसे विषय पर ध्यान जाते ही हिन्दी उपन्यास का शलाका चरित्र होरी सामने आ खड़ा होता है। वह कोई विराट् मानव नहीं है, न ही कोई ऐसा प्रभामण्डल उसके इर्द-गिर्द है जिससे आँखें चकाचौंध हो जायें। न कोई अजूबा जो सहसा चमत्कृत कर दे। लेकिन उसकी दीन-हीन कृशकाया के पीछे भारतभूमि का एक मानचित्र जरूर उभर आता है। जहाँ, उस जैसे करोड़ों लोग निवास करते हैं। उसी तरह सोचते हैं, वैसी ही आकांक्षाएँ हैं उनकी, और वैसे ही विश्वास। उन्हीं में से एक है वह। जैसे चावल की हाँड़ी से एक दाने को परखकर भात को जाँच लिया जाता है, उसी तरह उन करोड़ों लोगों को जाँचने के लिए होरी को जाँच लेना ही काफी होगा। यदि वह वही नहीं है जो वे करोड़ों लोग हैं तो वह उन्हीं के जैसा जरूर है। उन्हीं का प्रतिनिधि, उन्हीं का 'टाइप'। फिर उन आलोचकों की ओर ध्यान जाता है, जिन्होंने होरी को 'एपिक' चरित्र कहा है। उसे भारतीय किसान जीवन का औसत चरित्र मानकर यह दर्शाने का प्रयत्न किया है कि वह भारत के किसान का प्रतिनिधित्व करता है। हिन्दी उपन्यासों में ऐसा दूसरा चरित्र नहीं है, न इस वर्ग का आत्मसात् अनुभव-संसार ही किसी दूसरे लेखक के पास है। यही कारण है कि 'गोदान' हिन्दी का सर्वाधिक महत्त्वपूर्ण उपन्यास है और होरी सबसे बड़ा चरित्र।

ध्यान देने की बात है कि होरी अवधारित चरित्र नहीं है, जैसी जैनेन्द्र के उपन्यास 'त्याग पत्र' की बुआ। भविष्य की नारी का व्यक्तिबोध है यह। लेकिन होरी तो एक सामाजिक प्रत्यक्ष है, जो अपने लम्बे वर्गीय इतिहास से गुजरकर सतह पर आ गया है—दिखायी पड़ता है, तुरन्त समझ में आता है और उसकी पहचान हमारे जातीय चरित्र का हिस्सा बन चुकी है। लेखक को उसे जीना कम वरन् समाज में देखना-परखना ज्यादा पड़ा है। उसका सब-कुछ बाहर है। लेखक के लिए ही नहीं वरन् उन सबके लिए जो उस वर्ग को जानते हैं, इसलिए कई बार होरी का नाम

लेते ही वे सारी बातें जो होरी के चरित्र का सम्पादन करती हैं, अँगुलियों पर गिना दी जा सकती हैं। गरज कि उपन्यास में उसका आगमन एक सर्वस्वीकृत, चिरपरिचित, विश्वसनीय व्यक्ति की तरह है। इसे ही लूकाच 'टाइप' कहते हैं। जो, अपने साथ एक व्यापक सामाजिक सन्दर्भ और उसके प्रतिनिधित्व की सर्वमान्यता को मूर्त रूप देता है।

'गोदान' में होरी ही एक ऐसा चरित्र है जिसे कथा-धारक और अनुरूप कर्मरत कहा जा सकता है। तात्पर्य यह कि जीवन के सभी कार्यव्यापार में होरी की आदर्श भूमिका वही है जो उसके सामाजिक सन्दर्भों के एक औसत किसान की हो सकती है। इसलिए, 'गोदान' की कथावस्तु का धारक वही है। वही ढो रहा है बोझ, उस सामाजिक सन्दर्भ की समस्त मान्यताओं का, वही संस्कृति है, वही पारम्परिक, उसी पर कथा-राग की समस्त तान टूटती है। भोक्ता और भुवन भी वही है क्योंकि उसकी नियति उसकी अपनी निजी नहीं है, दी हुई है—समाज की, वर्ग की। इसलिए, तनिक रुककर परीक्षा करें तो वह एक यथास्थिति का प्रत्युत्पन्न है। जो अन्य जीवन-प्रकृति को या तो जानता नहीं या उसे बहरवाँसू समझता है। इसी कारण उसे अनुरूप कर्मरत कहा है। ऐसा धारक जिसके समस्त कार्यकलाप मान्यताओं के अनुरूप निबद्ध और नियोजित हैं। पाठक बड़े मजे में जानता चलता है कि अमुक घटनाचक्र में होरी की भूमिका क्या और कैसी होगी। भ्रम होने लगता है कि प्रेमचन्द उस सामन्ती सुस्थिर सांस्थानिक अधिरचना के पार देखने में अक्षम हैं। जबकि वे उसके विरूप को समझते हैं, उसकी तीखी आलोचना करते हैं और उससे संघर्ष के लिए कमर कसकर तैयार हैं। फिर भी वे उसे झटका नहीं देते—जैसे कुछ टूटने के डर से समन्वय की डोर सँभालते रहते हैं—उसकी मानववादिता को विरूप नहीं होने देते।

अनुभवों और लम्बे रचनात्मक अभ्यासों के दौरान प्रेमचन्द ने 'टाइप' चरित्रों के महत्त्व को समझा था। वैसे भी यथास्थितिवादी सामाजिक संरचना 'टाइप' चरित्रों का कारखाना हुआ करती है। जो कुछ ही मूल्यों के सिक्के लगातार ढालता रहता है। कहना न होगा कि भारतीय इतिहास और परम्परा की गहरी समझ रखनेवाला ही इस गुर को पहचान सकता है। गाँधी ने इसे खूब समझा था। दूसरा नाम प्रेमचन्द का ही लेना होगा। दोनों ने भारतीय मानस पर जो छाप छोड़ी है वह इतिहास में हमेशा एक युग की पहचान के लिए सदा याद की जायेगी।

कथा-धारक और अनुरूप कर्मरत होरी के समानान्तर दूसरा चरित्र 'गोदान' में है, रायसाहब रामपाल सिंह का। उनके लिए प्रेमचन्द का एक वाचन-सेमरी और बेलारी दोनों अवध प्रान्त के गाँव हैं। जिले का नाम बताने की कोई जरूरत नहीं।

होरी बेलारी में रहता है, रायसाहब रामपाल सिंह सेमरी में। दोनों गाँव में केवल पाँच मील का अन्तर है। पिछले सत्याग्रह संग्राम में रायसाहब ने बड़ा यश कमाया था। कौन्सिल की मैम्बरी छोड़कर जेल चले गये थे। तब से उनके इलाके के असामियों को उनसे बड़ी श्रद्धा हो गयी थी। यह नहीं कि उनके इलाके में असामियों के साथ कोई खास रियायत की जाती हो या डाँड़ और बेगार की कड़ाई कुछ कम हो, मगर यह सारी बदनामी मुख्तारों के सिर जाती थी। रायसाहब की कीर्त्ति पर कोई कलंक न लग सकता था। वह बेचारे भी तो उसी व्यवस्था के गुलाम थे। जाब्ते का काम तो जैसा होता चला आया था वैसा ही होगा। रायसाहब की सज्जनता उस पर कोई असर न डाल सकती थी। इसलिए आमदनी और अधिकार में जौ भर की भी कमी न होने पर भी उनका यश मानो बढ़ गया था। असामियों से वह हँसकर बोल लेते थे—यही क्या कम है? सिंह का काम तो शिकार करना है, अगर वह गरजने और गुर्राने के बदले मीठी बोली बोल सकता तो उसे घर बैठे मनमाना शिकार मिल जाता। शिकार की खोज में जंगल में न भटकना पड़ता।

भारतीय पूँजीपतियों की तरह कुछ चालाक सामन्तों ने भी स्वाधीनता-आन्दोलन में उठ रहे नतीजों का पूर्वानुमान लगा लिया था। अपनी सुविधा और मान-सम्मान को ज्यादा समय तक बरकरार रखने के लिए महात्मा गाँधी का दामन पकड़ लिया था। इसके चलते एक खास 'टाइप' चरित्र की पहचान बनी—बाह्य रूपाकार में उदारवाद और त्याग के तमगे लेकिन मूल चरित्र शोषण और अन्याय पर यथावत् टिका हुआ। अधिकांश लोगों को यह जानकर आश्चर्य होगा कि किसान समाज के इस मूल अन्तर्विरोध को उजागर करने के लिए ही प्रेमचन्द ने 'गोदान' को बनारस की बजाय रायबरेली जैसे जिले में प्रतिरोपित किया। जो, अवध की ताल्लुकेदारियों का प्रमाण था। पूर्वी जिलों का किसान तो इस्तमरारी बन्दोबस्त के दौरान तालुकदारी और जमीदारी प्रथा से बाहर हो चुका था। लगता है कि इस स्थान-विशेष के चुनाव के पीछे किसान सन्दर्भों के दो विरुद्ध 'टाइप' चरित्रों के यथार्थ को उद्‌भासित कर 'गोदान' को पूरे किसान समाज का महाख्यान बनाने का ही मन्तव्य था। लेकिन वह पूरा हुआ नहीं। कुछ छूट रहा था और जो छूट रहा था वह होरी और धनिया का विस्तार नहीं था। कुछ और ही था। तब तक का अनजाना-अपरिचित। पहचान आसान न थी इस नये आगत की, लेकिन वह उग आया था। प्रेमचन्द ने उसे पहचाना, देखा कि यह बेमौसम का नहीं है, यह तो एक फसल है और उनकी समझ में आ गया कि मिट्टी, हवा-पानी में बदलाव आ रहा है। झुनिया के पेट में बच्चा होने की खबर पाते ही काल की गति प्रेमचन्द की समझ में आ गयी। गोबर के बारे में उनकी प्रतिक्रिया—

पहले तो उन्हें लगा, 'इसमें कोई नयी बात नहीं है। मगर जिस रुई के गाले को उसने (होरी ने) नीले आकाश में हवा के झोंकों से उड़ते देखकर केवल मुस्कुरा दिया था, वह आकाश में छाकर उसके मार्ग को इतना अन्धकारमय बना देगा, यह तो कोई देवता भी न जान सकता था।'

प्रेमचन्द की यह प्रतिक्रिया तब की है, जब गोबर की प्रेमिका झुनिया होरी के घर के सामने आ बैठी। होरी के पूछने पर धनिया ने बताया—

'अब मैं क्या जानूँ कि क्या कर बैठा, चलकर पूछो उसी राँड़ से।'

'किस राँड़ से? क्या कहती है तू? बौरा तो नहीं गयी।'

'हाँ बौरा क्यों न जाऊँगी, बात ही ऐसी हुई है कि छाती दुगुनी हो जाय।'

'साफ-साफ क्यों नहीं कहती, किस राँड़ को कह रही हो।'

'उसी झुनिया को, और किसको।'

'तो झुनिया क्या यहाँ आयी है?'

'और कहाँ जाती, पूछता कौन?'

'गोबर क्या घर में नहीं है।'

'गोबर का कहीं पता नहीं जाने कहाँ भाग गया, इसे पाँच महीने का पेट है।'

स्पष्ट है कि प्रेमचन्द को इसका पूर्वानुमान नहीं था। यथार्थ उनके दरवाजे पर आ बैठा तब उन्होंने उसे पहचाना। जैनेन्द्र की तरह सत्य को पहचानकर बुआ को अवधारित नहीं किया। अर्थ यह कि प्रेमचन्द के चरित्रांकन का मार्ग वास्तविकताओं से चलकर सन्दर्भों के भाष्य तक पहुँचता है। 'टाइप' चरित्रों की पहचान का रहस्य इसी पद्धति में छिपा है।

पर्सी लुबक जब 'टाइप' को सर्वसम्मति चारित्रिक अवधारणा मानते हैं, तब उनका ध्यान समाज के परिवर्तनशील स्वभाव पर नहीं है। न यह, कि बदले हुए सामाजिक सन्दर्भों में 'टाइप' की यह सर्वस्वीकृति बहस का विषय बन जायेगी और प्रासंगिकता का सवाल सामने आ खड़ा होगा।

प्रेमचन्द इस सार्वकालिकता के मिथक को गोबर और झुनिया जैसे चरित्रों के सृजन द्वारा तोड़ते हैं, जिसे हम प्रतिकूल कर्मरत अथवा मान्यता की ओर अग्रसर 'टाइप' कह सकते हैं।

ब्रिटिश पूँजीवाद के आगमन के कारण रेल की पटरियाँ बिछीं और कल-कारखाने बनने लगे। अल्पजोत किसानों के बच्चों के मन में कमायी के लिए परदेश जाने की लालसा बढ़ी। बाप-दादों की धरती से विच्छिन्न होकर उनमें स्वतन्त्रता का भाव जगा जिससे सांस्थानिक बन्धनों में ढील आयी व्यक्तिबोध की परम्परा के विरुद्ध, संस्कारों से अलग एक अजाने, अव्यक्त 'टाइप' का सहज साक्षात् सम्भव

किया। प्रेमचन्द यहीं से अपने समय से आगे निकलते हैं। एक चतुर किसान की तरह वे जमीन और मौसम दोनों की पहचान का ऐसा कीर्तिमान स्थापित करते हैं जो हिन्दी उपन्यास में आज भी अछूता और अनन्य है।

गोबर और झुनिया के प्रेम-प्रसंगों के वर्णन दूर-दूर तक सामाजिक बन्धनों से मुक्त हैं। बस दो युवा अपनी उद्‌दाम भावनाओं के साथ एक-दूसरे को हमेशा के लिए प्राप्त करने के लिए व्याकुल हैं। यहाँ व्यक्ति ही प्रसंग है, समाज नहीं—जात-पात, मान्यताएँ और संस्कार कुछ भी नहीं। व्यक्ति मन का यह रूप सामाजिक परिवर्तनों के आभास से उत्पन्न है, यथार्थ से नहीं इसलिए कि प्रेमचन्द इनके रूपांकन को लेकर पूरी तरह आश्वस्त नहीं हैं। लेकिन वे इसके बाह्य लक्षणों को स्पष्ट देख पाते हैं। सहज सामाजिक स्वीकृति से अलग परम्पराओं के विपरीत कर्मरत होने तथा सामाजिक विरोध को जन्म देनेवाले प्रसंगों का वर्णन वे इसी कारण करते हैं। सिर्फ होरी और धनिया ही नहीं, वरन् वे सारे सर्वमान्य लोग इस नवोदय के विरुद्ध हैं और परिवर्तन को देख-समझ पाने में असमर्थ हैं। मातादीन कहते हैं, 'ऐसा कपूत निकला कि घर की सारी मरजाद बिगाड़ दी।'

सामान्य जीवन में भी यही होता है। चाहे वह नयी सोच हो अथवा नयी चाल की जीवन-पद्धति, निन्दा और प्रतारणा इनके सामने खड़ी मिलती है। संक्रमण के समाप्त होते ही, पहले इन्हें स्वीकृति मिलती है फिर समाज की मुख्यधारा इन्हें अपने में समाहित कर लेती है।

कुल मिलाकर गोदान के चरित्रांकन में सामाजिक सन्दर्भों के यथार्थ की मुख्य भूमिका है। प्रेमचन्द ने अपने समय के कथा-वाचन के लिए सारे उपलब्ध कौशल का उपयोग किया है। लेखकीय कथनों का यथासम्भव कम प्रयोग कर, पात्रों को जीवन-प्रसंगों में स्वयं विकसित होने दिया है। लेकिन बाहर से वर्णन नहीं किया गया है—यह कहना ठीक नहीं होगा। चरित्रों के 'टाइप' स्वरूप को बनाये रखने के लिए वे अक्सर हस्तक्षेप भी करते हैं। सन्दर्भों को सहज और विश्वसनीय बनाये रखने के पीछे उनका मात्र अभिप्राय चरित्रों के 'टाइप' स्वरूप को बनाये रखना ही होता है।

ग्राम–चेतना और हिन्दी उपन्यास : प्रेमचन्द के बाद

प्रेमचन्द का लेखन एक रूढ़ और यथास्थितिवादी सामाजिक संरचना की उपज है, जिसे आप सामन्तवाद और उपनिवेशवाद के गठजोड़ के दौर का लेखन भी मान सकते हैं। वह भी एक ऐसी विधा में जो हमारे पारम्परिक शब्द–रचना का कभी हिस्सा नहीं रही। उपन्यास को हमने अंग्रेजी साहित्य से जाना। अंग्रेजी में छपे यूरोपीय कथा–साहित्य का विधागत संस्कार बंगाल से होता हुआ देशभर में फैला। माना कि जीवन और समाज उसमें हमारा था। चरितावली और वाचन, सन्दर्भ और प्रकृति, चिन्तन और मनन सब–कुछ हमारे थे। लेकिन यह गद्य–शिल्प हमने जाना था। पहचाना था भाषा के इस नये उपयोग को। ऐसा नहीं कि वृत्तान्त अथवा आख्यान से हम परिचित नहीं थे। वाचन की बारीकियों की अनेक विधियों से हमारा गहरा परिचय था। अगर अनेक में से एक महाभारत की ही चर्चा करें तो कथा–रस के अन्तहीन विस्तार और कथा–गायकी के अन्यान्य विधियों का कोई जवाब विश्व–साहित्य में कहाँ हैं? वह भी एक सांस्थानिक स्थितीकरण के दौर से गुजरा हुआ एक कृषि समाज ही था। शायद यही कारण हो कि महाभारत गाँव के साधारण शिक्षितों द्वारा भी हिन्दी के किसी उपन्यास की अपेक्षा आज भी अधिक पढ़ा जाता है और आसानी से लोग उससे अपना तादात्म्य स्थापित करते हैं।

ग्राम–चेतना की दृष्टि से इसे समझने की कोशिश करें तो लगता है कि प्राचीन काल से कृषि समाज ने जो सामाजिक संस्थान गढ़े थे वे थोड़े–बहुत हेर–फेर से अब भी बने हुए हैं। प्रेमचन्दकालीन गुलाम भारत की सामाजिक संस्थाओं, विश्वासों, मान्यताओं को देखें और सामाजिक तन्तुओं को जाँचें तो पुराने ग्राम–समाज से चलकर स्वतन्त्रता के बाद के उपन्यासों में भी ग्राम–चेतना के समान प्रवाह को रेखांकित किया जा सकता है।

गरज कि काल के इस लम्बे अन्तराल में भी ग्रामीण जीवन–सन्दर्भों में परिवर्तन की प्रक्रिया बहुत धीमी या नहीं के बराबर ही रही है। इसी कारण ग्राम–चेतना अपने

प्राचीन अवदानों से चिपकी रही है। उसने अनेक कारणों से वाचिक पद्धति द्वारा ही अपनी संस्कृति को अपनी आगामी पीढ़ी तक सम्प्रेषित किया है। उन्हें मौखिक ज्ञान द्वारा विद्वान् और मनीषी बनाया। वृत्तान्तों और आख्यानों द्वारा उनका मनोरंजन किया। उन्हें सामाजिक व्यवहार और आचरण की शिक्षा दी। अभिप्राय यह कि उपन्यास का प्रथम मुख्य तत्त्व वाचन, जिसे किस्सागोई भी कह सकते हैं, हमारे रक्त में है। वह हमारी बपौती है। इतना ही नहीं वाचन के अनेक रूप हमें नाट्यशास्त्र से भी मिले हैं। परिस्थितियों और घटनाओं को प्रत्यक्ष करने के लिए हम मौन अंग संचालन का प्रयोग भी जानते हैं। उपस्थापन के दौरान कथा को बीच से प्रस्तुत करके नायक के प्रारम्भिक अंश को हम सूत्रधार द्वारा कहला देने की कला से परिचित हैं। अभिप्राय यह कि ग्राम-चेतनावाले उपन्यासों में वाचन की प्रकृति की व्याख्या करने पर यह बात स्पष्ट हो जाती है कि आज लेखक अपने उपन्यास में आख्यानों की शैली का अपरोक्ष प्रयोग कर रहा है।

'मैला आँचल' में रेणु ने कथा-वाचन की जिस शैली का प्रयोग किया, उसमें अनेक आवर्तनों के बीच, मूल कथा-सूत्र को पाठक के हाथ में थमाकर वे अनेक अन्तर कथाओं में दूर क्षितिज तक चले जाते हैं और प्राय: दृष्टि से ओझल हो जाते हैं। लौटने पर लगता है, कहानी का जो सूत्र वे पाठक को थमा गये थे, वह उसे लिये वहीं-का-वहीं भौचक खड़ा है और उसके सामने से अब तक बहुत-कुछ गुजर चुका है। जो दिखायी पड़ता है, उसका दोगुना इतिहास में हो तो वर्तमान में बँधे मनुष्य के लिए भौचक में पड़े रहने के सिवा दूसरा चारा ही क्या है? अथवा यों कहें कि एक ही उपन्यास में अनेक उपन्यास निहित हों तो एक छोटे-से अंचल में बचा ही क्या रह जायेगा, जिसे दुबारा उसी तरह कहा जाये। मसलन डॉ० प्रशान्त को ही लीजिये। उनकी पात्रता, स्थापित होने से पूर्व की परिचय-कथा का वाचन, एक वृहत् उपन्यास का मसाला है, जिसका मात्र रेखांकन ही पाठक के सामने आता है।

वे अज्ञात कुल हैं, नेपाल सरकार द्वारा निष्कासित उपाध्याय जी को वे कोसी मैया की बाढ़ के प्रसाद के रूप में, झाऊ की झाड़ी के पास तैरती हुई हाँड़ी में मिल गये थे। परित्यक्ता स्नेहमयी बनर्जी को सौंप दिया था। उन्होंने प्रशान्त को पाल-पोसकर बड़ा किया, किन्तु जब वे इण्टर साइन्स कर रहे थे, वे उन्हें अकेला छोड़कर कहीं चली गयीं। इण्टर करके पटना से डॉक्टरी पढ़ने के बाद उपाध्याय परिवार के साथ वे नजरबन्द कर लिये गये। १९४६ में जब कांग्रेस मन्त्रिमण्डल बना, तब उन्हें जेल से रिहा करके लन्दन जाकर पढ़ने के लिए छात्रवृत्ति मिली तथा मलेरिया से लड़ने के लिए पूर्वी पूर्णिया में आ गये।

डॉ० प्रशान्त का परिचय पाठक के मानस में एक अलग ही कथानक का रूप ग्रहण करता है—कोसी की बाढ़, झाऊ की झाड़ी और उसमें एक हाँड़ी में रखा, तैरता हुआ शिशु। ठीक वैसे ही जैसे किसी दिन कुन्ती ने कर्ण को गंगा की लहरों को समर्पित कर दिया था।

ग्राम-चेतना का यह आख्यानक रूप अनेक ग्राम-कथाकारों की कथाओं में अनेक तरह से व्यक्त होता है। सन्देह होता है कि भारत में ग्राम-चेतनावाले कथाकार एक ऐसे उपन्यास की सृष्टि कर रहे हैं जो पारम्परिक पश्चिमी उपन्यास से भिन्न है। यह तो हमारी परम्परा और संस्कृति की एक अद्‌भुत उपलब्धि है। यह शायद वह उपन्यास नहीं है जो पश्चिम में मृत्यु की ओर बढ़ रहा है। वहाँ उसे बाह्य प्रभावों के अन्तर्गत गढ़ा जा रहा है। उसने पश्चिम के समाज की वास्तविकता से दामन छुड़ा लिया है। वह कल्पना द्वारा अजूबे कथानकों का जन्मदाता बन गया है। वह एक मौलिक सृजन न होकर, प्रकाशकों की माँग पर लिखा जा रहा है और पाठकों के लिए उपभोक्ता सामग्री बन चुका है। वहाँ के विश्रृंखलित मध्य वर्ग में कथा-सम्भावनाएँ प्रायः समाप्त हो चली हैं। हमारे यहाँ भी इक्कीसवीं सदी की चढ़ायी आते-आते हो सकता है, इस वर्ग की स्त्रियों को लिपस्टिक और शैम्पू के लिए लोगों का मनोरंजन करना पड़े। मुक्त बाजार के जैसे लक्षण हैं, मध्य वर्ग में उपन्यास की सम्भावनाएँ शीघ्र ही चुक जायेंगी। देश की कठिन वास्तविकताओं से पलायन इधर प्रकाशित उपन्यासों में स्पष्ट लक्षित कर सकते हैं। मनोहर श्याम जोशी और कृष्ण बलदेव वैद-जैसे अनुभवबद्ध लेखकों को भी अपने सद्यः प्रकाशित उपन्यासों 'हमजाद' और 'नर-नारी' के कथा-प्रसंगों के लिए सेक्स की शरण लेनी पड़ रही है। जबकि स्वतन्त्रता के बाद गाँवों के जीवन पर आधारित उपन्यास जन-मानस के प्रवक्ता बनते जा रहे हैं और वे ग्राम-चेतना की सृजन-शक्ति के मुख्य संवाहक के रूप में उभर रहे हैं। आज उपन्यासों के लेखन और प्रकाशन पर दृष्टि डालने से स्पष्ट है कि नये तथा वयोवृद्ध अनेक लेखक ग्राम-सन्दर्भों को साहित्य में निरन्तर प्रस्तुत कर रहे हैं।

स्वतन्त्रता के इस पचासवें वर्ष में भैरवप्रसाद गुप्त का महत्त्वपूर्ण उपन्यास 'एक छोटी-सी शुरुआत', मैत्रेयी पुष्पा का 'चाक' तथा राजस्थानी के प्रसिद्ध लेखक अन्नाराम सुदामा का 'अजहू दूरी अधूरी' (यहाँ यह बताना है कि इन्हें राजस्थानी में उपन्यास के लिए साहित्य अकादमी का पुरस्कार भी मिल चुका है।) प्रकाशित हुए हैं। इसके अतिरिक्त ग्राम-चेतना से जुड़े अनेक सन्दर्भ, उपन्यास और कहानियों में व्यक्त हो रहे हैं, जिनकी सूची देना हमारा अभीष्ट नहीं है। पर इतना तो स्पष्ट है कि जहाँ हिन्दी के रचनात्मक साहित्य के प्रकाशनों में निरन्तर कमी हो रही है,

गाँव से जुड़े कथा-सन्दर्भों के प्रकाशन में निरन्तर वृद्धि हो रही है। उनमें विविधता भी है और यथार्थपरकता भी। मूलतः यह सारी रचनाएँ वहाँ की दुःखभरी जिन्दगी, गरीबी, अशिक्षा, अन्याय और शोषण के विरुद्ध संघर्ष की चेतना से ओतप्रोत हैं। इनमें उभरनेवाले प्रकृति-चित्रों, स्थानीय संगीतमय शब्द-चित्रों ने यह सिद्ध कर दिया है कि यह एक नया उपन्यास है जो दुनिया के पिछड़े देशों में भी भूखी नंगी जनता की आह और उसके यथार्थ के रूप में जन्म ले रहा है। इसकी भावी सम्भावनाएँ अनन्त हैं। इस नये उपन्यास के द्वारा एक ऐसा लोकमानस हमारे सामने उजागर हो रहा है, जिसमें लोगों के रहन-सहन, खान-पान, रीति-रिवाज, गरज कि उनकी पूरी संस्कृति ही पुनर्सृजित होकर हमारे आगे आ रही है।

ग्राम-चेतनावाले उपन्यासों पर आख्यानों के वाचन का गहरा प्रभाव होने के कारण ही इन उपन्यासों को दूसरा उपन्यास कहा गया है। इसलिए यहाँ आख्यानों के वाचक की थोड़ी चर्चा आवश्यक है। वाचक की अनेक भूमिकाओं में वह भूमिका जब वह दूसरों के लिए बोलता है, यथार्थ की शीर्षस्थ संगति मानी जानी चाहिए। क्योंकि, तभी वह (नैरेटर) वस्तुगत दृष्टि से बाह्य संसार और समाज से जुड़ता है। कथा में सन्दर्भों की सृष्टि भी इसी कारण होती है और अनन्त विस्तार के साथ सामाजिक सत्यों और समकालीन सामाजिक स्थितियों पर रोशनी भी पड़ती है। अपने लिये तथा वृत्तान्तों और वर्णनों के लिए बोलने की उसकी भूमिका भी कम महत्त्व क्री नहीं है, लेकिन तब वह अपने को छिपा भी सकता है, नकली रूप धारण कर सकता है, और उत्साह के अतिरेक का प्रदर्शन भी कर सकता है। गरज कि कथा से उसकी ये भूमिकाएँ प्रत्यारोपणों की शिकार हो सकती हैं—कहीं वैचारिक, कहीं आत्मिक और इन्हीं के कारण यथार्थ के वर्णसंकर होने के खतरे भी हो सकते हैं। शायद यही कारण है कि आख्यानों में वाचक की पहली भूमिका को ही प्रधान भूमिका माना गया है।

यदि हम विभूति भूषण बन्द्योपाध्याय के उपन्यास 'आरण्यक' को देखें, तो पश्चिमी संसार के इकहरे गठनवाले उपन्यासों का कथा-शिल्प अच्छी तरह समझ में आ जायेगी। एक ही चरित्र के जीवन-सन्दर्भों के चारों ओर कथा के संग्रन्थन के कारण इन उपन्यासों का शिल्प महत्त्वपूर्ण माना गया है। अंग्रेजी के अनेक विद्वान् और समीक्षक इनके कसे हुए चुस्त-दुरुस्त शिल्प के विपरीत हिन्दी उपन्यासों, खासकर गाँव के उपन्यासों के ढीले-ढाले शिल्प की आलोचना करते हैं। शायद उन्हें यह नहीं मालूम कि यही इन उपन्यासों की शक्ति है, जिसके कारण एक सम्पूर्ण चरित्र अपने पूरे परिवेश के साथ पुनर्सृजित हो पाता है। सिर्फ चरित्र ही नहीं उसकी चेतना के निर्माण में योग देनेवाले समस्त तत्त्व इन उपन्यासों को साहित्य में महाकाव्य

की तरह प्रतिष्ठित करते हैं। प्रेमचन्द से शुरू करके यदि हम नागार्जुन, भैरवप्रसाद गुप्त, रेणु, श्रीलाल शुक्ल, शिवप्रसाद सिंह, राही मासूम रज़ा के उपन्यासों के शिल्प पर ध्यान दें, तो इनमें आये अनेक चरित्र संघर्ष की गाथा की तरह बुने गये हैं। 'आरण्यक' में तो कथा को आगे बढ़ाने के लिए कई-कई प्रस्थान बिन्दुओं का प्रयोग होता है। वस्तुत: इस नये उपन्यास का शिल्प अधिक जटिल और कलात्मक सूझ के साथ गहरी सहानुभूति और सन्दर्भों की जानकारी की माँग करता है।

'आरण्यक' लिखने के लिए अरण्य के जीवन का परिचय ही काफी नहीं है। हर दूसरे पृष्ठ पर एक नयी कहानी और चरित्र के रंग-बिरंगे तन्तुओं द्वारा निर्मित चरित्र को छोड़कर, अगली कहानी, फिर अगली कहानी पर बढ़ जाना और सब में संगति का सूत्र पिरो देना तथा एक कमरे में बैठकर कल्पनाप्रसूत चरित्रों की कथा गढ़ना शायद एक-दूसरे से बहुत भिन्न है।

नाट्यशास्त्र में नायक की अनेक किस्में बतायी गयी हैं, और उनकी विशेषताएँ और पहचान भी। लूकाच कथा-साहित्य में चरित्रों की चर्चा करते हुए 'टाइप' और 'केस' जैसे चरित्रों की बात उठाते हैं और मानते हैं कि 'टाइप' चरित्रों की संरचना सामाजिक यथार्थ के चित्रण में दूरगामी प्रभाव की होती हैं। 'गोदान' का होरी एक वैसा ही चरित्र है जो अपने वर्ग की ही नहीं वरन् सम्पूर्ण भारतीय जन-चेतना की वास्तवकिता का प्रतिनिधित्व करता है। राल्फ फॉक्स भी अपनी प्रसिद्ध पुस्तक 'नावेल एण्ड द पीपल' में मानते हैं कि सामाजिक यथार्थ की परिधि के सन्दर्भों में ही चरित्रांकन द्वारा वास्तविकताओं का निरूपण किया जा सकता है।

ग्राम-चेतनावाले उपन्यासों में ऐसे मुख्य और सामान्य पात्र भरे पड़े हैं जैसे बूढ़े-बुढ़िया, नौकर, माँ, दादा-दादी आदि जो एक अरसे से चली आ रही सामाजिक संस्थानों की आँच में पक चुके हैं। उनका एक टाइप सर्वत्र दिखायी पड़ता है। ऐसे चरित्रों की चाल-ढाल, बोल-चाल में ही नहीं, उनकी संवेदनाओं तक में अक्सर समानताएँ दिखायी पड़ती हैं। इसका मुख्य कारण किसी समाज का युगों से एक हद तक स्थिर होना है। यही मानव स्वभाव का एक विशेष प्रारूप बन जाता है और आनेवाली पीढ़ियाँ उसी में ढलती चली जाती हैं।

स्वतन्त्रता बाद के अधिकांश कथाकार प्रेमचन्द की सामाजिक दृष्टि के अनुसार प्राय: परिवर्तन के पक्षधर हैं। लेकिन, वे वास्तविकताओं के मात्र निदर्शन से सन्तुष्ट नहीं हैं, वे सामाजिक यथार्थ की सीमाओं में रहते हुए ऐसे चरित्रों की परिकल्पना करते हैं जो परिवर्तनों के लिए संघर्ष कर सकें। जबकि वास्तविक सामाजिक सन्दर्भों में ऐसे चरित्र उपस्थित नहीं हैं। उनके ऐसा करते ही उन पर सामाजिक स्थितियों को झुठलाने और कल्पना द्वारा आत्मिक चरित्र प्रस्तुत करने का आरोप लग जाता

है। आलोचक महोदय कहते हैं कि सामाजिक सन्दर्भों में जब तक ऐसे बदलाव लक्षित न हों, ऐसे चरित्र काल्पनिक माने जायेंगे। इसलिए, उनमें से कुछ का मानना है कि 'बलचनमा' के 'बालचन' की क्रान्तिकारिता यथार्थ के उतने नजदीक नहीं है, जितनी श्रीलाल शुक्ल के 'राग दरबारी' का यह कथन कि 'वैद्यजी थे, वैद्यजी हैं और वैद्यजी रहेंगे।' यद्यपि चरित्रों के परिवर्तनहीन होने की वकालत वही लेखक करता है, जिसका सामाजिक परिवर्तन में विश्वास न हो या वह जो मान चुका हो कि ग्रामीण समाज का यथास्थितिवादी ढाँचा इतना सुदृढ़ है कि वह कभी टूट ही नहीं सकता। वह शायद आज के इस सत्य को पहचान नहीं पा रहा है कि वह वर्गीय संघर्ष से चाहे न टूटे, लेकिन जातीय आधार ने तो पहले ही चरण में उसे छिन्न-भिन्न कर दिया है।

गरज कि 'अलग-अलग वैतरणी' और श्रीलाल शुक्ल के 'राग दरबारी' में भी टाइप चरित्रों की जगह-अनेक केस चरित्रों ने ले ली है। राही मासूम रजा के 'आधा-गाँव' के फुन्नन मियाँ में तो दोनों प्रकार के चरित्रों का समाहन है। वे अतीत और वर्तमान दोनों में एक साथ जीते हैं।

यहाँ चरित्र को लेकर इतनी सारी बातें कहने का तात्पर्य मात्र इतना है कि कथा में चरित्रांकन का सवाल सबसे अहम् है। इसलिए कि कथा मानव-समाज का ही एक सृजनात्मक पुनर्गठन है, जिसमें मनुष्य का न होना कुछ वैसे ही है जैसे बिना जड़ के पेड़ का होना। अथवा बिना दीवार के घर का होना। इसलिए कथा में मनुष्य की साकार परिकल्पना को पात्र या चरित्र की संज्ञा दी गयी है—मनुष्य नहीं कहा गया, ठीक ही, क्योंकि वह मनुष्येतर है, सृजित और वह भी मनुष्य द्वारा इसलिए सबसे पहली बात तो यही कि चरित्र मनुष्य नहीं, मनुष्य का सृजन है। उसका एक सर्जक है, जिसके सब-कुछ को—जन्म, समाज, समय को हम जानते हैं।

मिथिला की भूमि पर बाल-विवाह, अनमेल-विवाह और बहु-विवाह की बातें तो सब लोग जानते हैं लेकिन 'रतिनाथ की चाची' को तो सिर्फ नागार्जुन जानते हैं। क्योंकि यह उन्हीं का सृजित एक चरित्र है। हो सकता है कि समाज में रतिनाथ की चाची का प्रतिरूप आपने देखा हो, लेकिन उसमें रतिनाथ की चाची की पात्रता पर कोई आँच नहीं आती। वह हैं, वह रहेंगी और अनेक लोग अनेक व्याख्याएँ करके उसकी बातें देर-देर तक करते रहेंगे। क्योंकि वह कथाचरित्र के रूप में सृजित होकर अधिक सत्य हो गयी है। उसी तरह जय किशोर की परिवर्तनकारी भूमिका भी ग्राम-चेतनासम्पन्न कथाकारों की मुख्य चिन्ता के अनुकूल है। शायद ही कोई ऐसा कथाकार मिलेगा, जिसने गाँव के स्थिरवादी ढाँचे को छिन्न-भिन्न करने के लिए चरित्र रचना न की हो।

प्रेमचन्द से लेकर आज तक के उपन्यासों के सामने भूमि-व्यवस्था का सवाल मुख्य रूप से उठता चला आ रहा है। स्पष्ट है कि गाँव के जीवन की नाभि-नाल भूमि-व्यवस्था से जुड़ी हुई है। एक के बगैर दूसरे के अस्तित्व की कल्पना भी नहीं की जा सकती। इसलिए रेणु के अलावा शायद ही कोई दूसरा कथाकार हो जो इस समस्या को दूसरे स्थान पर रखकर 'मैला आँचल' जैसे उपन्यास की रचना कर सका हो। वे अपनी शक्ति और सामर्थ्य के चलते भूमि-संस्कृति से अपने पात्रों, परिस्थितियों और विश्वासों के चमत्कार तथा रसमय प्रसंगों के कारण ही पाठक को गाँव में बाँधे रहते हैं। लक्ष्मी-दासिन का सतगुरु हो, सतगुरु हो देर-देर तक कानों में गूँजता रह जाता है, उसमें भी गाँव के उन सन्दर्भों का बड़ा योगदान है जिसके चलते बालदेव जैसे पात्र की परिकल्पना की जा सकी है।

कई उपन्यासकारों के यहाँ तो भूमि समूची चेतना का केन्द्र बनी हुई है। उसी को लेकर मुख्य पात्रों का सृजन और वाचन हुआ है। भैरवप्रसाद गुप्त के उपन्यासों में तो भूमि युद्धक्षेत्र की तरह विशेषकर 'धरती', 'सती मैया का चौरा' और 'गंगा मैया' में भूमि समस्या की व्यापक चर्चा है, जबकि 'आधा-गाँव' में जमींदारी उन्मूलन के बाद उत्पन्न नयी स्थितियों के कारण पुराने जमींदार पागलपन की सीमा पार कर चुके हैं। इसी तरह 'अलग-अलग वैतरणी' में जमींदारी उन्मूलन के बाद गाँव की पतनशीलता का व्यापक चित्र देखने को मिलता है। श्रीलाल शुक्ल ने तो 'राग दरबारी' में गाँव को व्यंग्य और विद्रूप का ऐसा केन्द्र बनाया है, जहाँ आजादी के बाद सिर्फ लूट-खसोट और बेईमानी ही शेष रह गयी है। रोशनी की कोई तलाश वहाँ नही है।

कुल मिलाकर रेणु के उपन्यास 'परती-परिकथा' का नायक जितेन सम्पूर्ण ग्राम कथानकों में अकेला ऐसा चरित्र है जो जमींदारी उन्मूलन के बाद देश में आयी नयी भूमि-व्यवस्था का स्वागत करता है और लोगों में खेती-बारी ही नहीं रूढ़-परम्पराओं और अन्ध-विश्वासों के विरुद्ध नयी वैज्ञानिक सोच की बातें करता है और लोगों को समझाता है।

नागार्जुन ने 'बलचनमा' के बाद गाँव की समस्याओं को केन्द्र में रखकर अनेक उपन्यास लिखे। सिर्फ 'बलचनमा' उनका ऐसा उपन्यास है जो स्वतन्त्रता-पूर्व के एक गरीब बालक की जीवन-यात्रा पर केन्द्रित है। अन्य सारे उपन्यास ग्राम-जीवन से जुड़े हुए होने पर भी विभिन्न समस्याओं से सम्बद्ध हैं और यथार्थ के उद्घाटन के साथ ही उन समस्याओं का वास्तविक और परिवर्तनकारी विवेचन प्रस्तुत करते हैं।

जैसा ऊपर कहा गया है, पिछले वर्षों के उपन्यास लेखन और उनके प्रकाशन से यह स्पष्ट हो गया है कि हिन्दी उपन्यास की मुख्य दिशा गाँव की ओर है। नागरिक

जीवन में आये पूँजीवादी विकास, वैश्वीकरण और उपभोक्तावाद ने नागर हिन्दी लेखकों को चकाचौंध कर रखा है। उनमें देहवाद की ओर बढ़ता रुझान सहज ही फलने-फूलने लगेगा। वे आज के तथाकथित विकसित जीवन के यथार्थ की व्याख्या करने में अपने को सक्षम नहीं पा रहे हैं। न उन्हें अब तक अपने समय के शलाका चरित्र की पहचान ही मिल सकी है। आखिर वह कौन-सा चरित्र होगा जो उपन्यासकार द्वारा सृजित होकर हमारे समय की संवेदना और यथार्थ का प्रतिनिधित्व करेगा!

२

यह वास्तव में देश-कथा है

भारतीय चेतना का विश्लेषण

'माया' कहानियों की पत्रिका है लेकिन कहानी पर सोच-विचार करते हुए सामाजिक विकास का एक ऐसा दिशा-पथ मिलता है जो जहाँ कहीं भी जीवन के ऐतिहासिक विकास के मार्ग से मिल गया है वहीं सृजनशीलता का कोई-न-कोई प्रकाश-स्तम्भ देख सकना बहुत आसान है। आधुनिक भारतीय साहित्य में प्रेमचन्द इसके सबसे ज्वलन्त उदाहरण हैं। स्पष्ट है कि समय की गति को लक्षित कर, अपने समकालीन जीवन की वास्तविकता को चित्रित करने और दिशा देने से बढ़कर दूसरा काम कथाकार के सामने नहीं है। कुछ लोग बात-बात में विश्व की दुहाई देते हैं और बड़ी आसानी से अन्य विकसित सामाजिक सन्दर्भों की वास्तविकता को आज के भारतीय जीवन पर, जो भूख, अशिक्षा, रोग के कारण ही नहीं वरन् अपनी प्राचीन परम्परागत मान्यताओं, धार्मिक अन्धविश्वासों एवं अन्तर्मुखी सुरक्षात्मक अवधारणाओं के कारण लुंज-पुंज है; आरोपित करके, वर्तमान सामाजिक विकास की दिशा एवं समकालीन सच्चाइयों को पृष्ठभूमि में डालने का प्रयत्न अनजाने एवं नयेपन के जोश और फैशन में करते चले जा रहे हैं। आश्चर्य है कि इनमें बहुत-से 'सिद्धजन' ऐसे भी हैं जो जान-बूझकर इस महाजनी व्यवस्था अथवा धार्मिक मन्तव्यों के पुन:प्रवर्तनवादी संगठनों के प्रचार में सक्रिय हिस्सा ले रहे हैं, लेकिन अधिकांश लोग अचेत हैं और एक झूठी एवं आभासित नवीनता के मोह में पड़कर ही ऐसा करते हैं।

कहना न होगा कि प्रस्तुत प्रश्नों के बचने का सबसे आसान मार्ग है, प्रश्नों को अपने स्थान पर छोड़कर अप्रस्तुत हो जाना, वास्तविकताओं से मुँह मोड़कर अवास्तव, कल्पना एवं रोमान की शरण लेना। धार्मिकता, अति परम्परावादिता से लेकर मिथ्या विश्व-नाम जाप हमारी इन्हीं प्रवृत्तियों की एक-सी देन हैं और कहना न होगा कि इन तत्त्वहीन नवीनतावादी अगुओं और तत्त्ववादी प्राचीनता के कृतित्व एवं वाणी के निकास, विकास और अन्त में संघर्ष से निरन्तर बचने की ऐसी प्रेरणा

निहित है, जिससे वर्तमान की ज्वलन्त वास्तविकताओं से मुठभेड़ बचायी जाये और स्थितियाँ जैसी-की-तैसी बनी रहें।

विचारणीय है कि भारतीय मानस की प्रकृति का वर्तमान रूप भी परम्परागत रणनीतिवाले पुराने मानस से पूर्णत: मिलता-जुलता है। अन्तर सिर्फ इतना है कि प्राचीनजन ने संघर्ष से बचकर अन्तर्मुखता का मार्ग नैतिक दबावों के कारण स्वीकार किया था और पुन:प्रवर्तनवादिता, अति आदर्शवादिता, भावुकता और काल्पनिकता को शक्तिशाली टकराव से बचने के लिए हथियार के रूप में प्रयुक्त किया था, लेकिन वर्तमान दबाव मूलत: आर्थिक हैं, इसलिए इनका मन्तव्य सीधा मानवद्रोह हो गया है तथा इनके कारण शोषण एवं अन्याय को प्रश्रय मिल रहा है। स्पष्ट है कि भारतीय इतिहास ने यथार्थ से विमुख होकर अन्य मार्ग अपनाने का जो निश्चय सैकड़ों साल पहले किया था, प्रकारान्तर से वह मार्ग आज की एकाधिकारी अर्थव्यवस्था के लिए दुधारी गाय सिद्ध हो रहा है और इस तरह पिछड़े हुए देशों की सूची में शायद भारत एक अकेला देश है; जहाँ की वर्तमान सामाजिक दशा का आकलन करने के लिए विशेष सतर्कता एवं जागरूकता की आवश्यकता है। क्योंकि, तनिक-सी असावधानी के कारण आये दिन राष्ट्रीय प्रश्नों पर हम विपरीत मन्तव्यों एवं अभिप्रायों के सामाजिक एवं राजनीतिक संगठनों के प्रतीकों को आपस में इतना एकाकार होते देखते हैं कि उनकी पहचान मुश्किल हो जाती है। कहने को समाजवादी समाज की स्थापना का प्रयत्न हो रहा है और देश में उत्पादन का विकास हो रहा है लेकिन गरीब की गरीबी और अमीर की अमीरी बढ़ती जा रही है। इस दुहरे प्रतिफल ने समाज के आन्तरिक ढाँचे में एक विचित्र अवसाद एवं अलगाव को जन्म दिया है। ऐसे अविश्वसनीय सन्दर्भ की सृष्टि के लिए मूल जिम्मेवारी शायद उन राष्ट्रीय नीतियों पर ही डाली जायेगी जो स्वतन्त्रता के अट्ठारह वर्षों बाद भी भारतीय जनता को सुनिश्चित एवं सुरक्षित भविष्य का आश्वासन नहीं दे पायीं। स्पष्ट है कि हमारे नीति-निर्धारकों के सामने भी भारतीय जीवन तथा इतिहास से विरासत में मिले वही अवरोध वर्तमान रहे हैं जो वास्तविकता से बचकर निकल जाने की सतत सलाह देते हैं। यह दूसरी बात है, कि ऐसे अवरोधों से सहसा टकराकर अपनी शक्ति का अपव्यय न किया जाये और इनसे निबटने की एक अलग ही रणनीति बनायी जाये, लेकिन सब-कुछ पर अक्षत छिड़कने की समन्वयी प्रकृति के कारण चाहे कुछ देर के लिए हम अपने को सुरक्षित समझें लेकिन हमारा मूल उद्देश्य तो सदा के लिए मारा ही जाता है, ऊपर से, सिद्धान्तों के निरन्तर कार्यान्वय की जगह निस्सार शब्दों द्वारा हर जगह दुहरे व्यक्तित्वों का निर्माण हो जाता है।

आज की सामाजिक स्थिति के आकलन का हमारा प्रयत्न स्पष्टत: वह नहीं हो सकता जो राजनीतिक दलों, सामाज-सुधारकों अथवा धार्मिक संगठनों का है। सांस्कृतिक क्षेत्र में, तो मानवीय संस्कारों का अध्ययन मुख्य है। इसलिए यहाँ आदमी को पहले पढ़ा जाता है। उसके सोचने-विचारने का ढंग, उसका नैतिक बोध, उसकी जीवन-सम्बन्धी अवधारणाएँ हमारे लिये सत्य तक पहुँचने की मुख्य स्रोत हैं। सिद्धान्तों की कसौटी सुधारकों के पास हो सकती है जो खरे-खोटे की पहचान करने में तत्परता दिखाते हैं, क्योंकि उन्हें एक हवाई आदर्श का कल्पना द्वारा निर्माण करना है। इसलिए वह सत्याभास पर आसानी से जीवित रह सकते हैं। हमारे लिये तो आदमी वह चाहे जैसा भी है— समादरणीय है क्योंकि वही हमारे विचार का मुख्य केन्द्र है। उसी के पास से चलकर हम जीवन की, समाज की, परम्परा और प्रगति की मांसल सच्चाइयों तक पहुँचते हैं, लेकिन आदमी का निर्माण खालीपन में नहीं होता। वहाँ तो एक ओर जहाँ परम्परागत परिवेश के चौखटे लगे हैं, वहीं उसकी चेतना के निर्माण में उसके समाज की वे सारी शक्तियाँ भी कम सक्रिय नहीं रहतीं, जिन्हें हम आर्थिक एवं राजनीतिक परिवेश के रूप में जानते हैं।

इसलिए प्रस्तुत विशेषांक के आयोजन में उन सारे व्यक्त और अव्यक्त प्रभावों का विश्लेषण करने की योजना बनायी गयी जो आज के आदमी के चेतना-निर्माण में कहीं से योग दे रहे हैं। मात्र राजनीतिक और आर्थिक परिवेश के विश्लेषण द्वारा भारतीय चेतना को स्पष्ट रूप से नहीं समझा जा सकता। इसलिए, धर्म पर एक विशिष्ट परिचर्चा भी इस अंक में दी गयी है। इतिहास और परम्परा के विश्लेषण में इतिहास के साथ ही अन्य सांस्कृतिक क्षेत्रों के विद्वानों ने भी हिस्सा लिया है। जनतन्त्र भारतीय जीवन-पद्धति में एक नया प्रयोग है, इसलिए इस पर एक विस्तृत परिसंवाद का आयोजन किया गया है। यद्यपि बहुत-से ऐसे शीर्षक जो हमारी योजना में थे, पूरे नहीं हो सके फिर भी आज की स्थिति का एक गहरा विवेचन उपस्थित किया जा सका है। इसी प्रकार नियोजन पर भी कई महत्त्वपूर्ण शीर्षकों को बाध्य होकर छोड़ना पड़ा है और यहाँ सिर्फ पाँच निबन्ध प्रस्तुत किये जा सके हैं। सिनेमा, कला और साहित्य के विश्लेषणों में भी यही प्रयत्न किया गया है कि उपस्थित रचनात्मक वस्तुशिल्प एवं प्रवृत्ति द्वारा भारत के नये मनुष्य को समझा जा सके।

प्रतिनिधि कथाकारों की बारह कहानियाँ भी इस अंक में दी जा रही हैं जो पाठक के सामने साधारण आदमी की स्थिति को स्पष्ट करने में सहायक सिद्ध होंगी। सुरेन्द्र वर्मा की कहानी 'पुष्प शय्या' इस अंक के लिए लगातार विज्ञापित हुई थी लेकिन अन्तत: समय की कमी के कारण हम उसे प्रकाशित नहीं कर पाये। पाठक 'माया' के फरवरी अंक में उसे पढ़ सकेंगे।

इस अंक के आयोजन में अनेक ऐसे बन्धुओं का सहयोग के लिए हृदय से आभारी हूँ। मित्र प्रकाशन के संचालक आलोक मित्र के प्रति आभार प्रकट करना औपचारिकता होगी। लेकिन यह कहे बगैर नहीं रहा जा सकता कि आज की स्थिति में ऐसे स्पष्ट एवं प्रगतिशील आयोजनों में इतना सहज और सक्रिय सहयोग देना उन्हीं जैसे प्रबुद्ध प्रकाशक के बूते की बात है।

पाठक इस पूरी योजना के मन्तव्य को सारे अंक में देखें और आज के जीवन की सहजगति का आभास प्राप्त कर सकें तो हमें हार्दिक प्रसन्नता होगी। अन्त में मैं उन सभी सहयोगी लेखकों के प्रति अपनी कृतज्ञता ज्ञापित करता हूँ, जिनका सहयोग इस अंक के लिए प्राप्त हुआ है।

('माया' पत्रिका के महाकुम्भ विशेषांक भारत १९६५ का सम्पादकीय)

•

यह वास्तव में देश-कथा है

'कथा' का प्रकाशन किसी सीमित मन्तव्य का सूचक नहीं है। सोचा गया है कि कथा के प्रकाशन द्वारा साहित्य, संस्कृति और सामाजिक जीवन में निरन्तर उठनेवाले मुख्य प्रश्नों को वास्तविक, परिवर्तनकारी और सृजनात्मक दृष्टि से देखा-परखा जाय और परिवर्तन की गति तेज करने के लिए बिखरी तथा भटकी हुई प्रवृत्तियों के सूत्रों को संयोजित करने का प्रयास किया जाये। स्पष्ट है कि वर्तमान स्थिति के प्रति गम्भीर असन्तोष और कुछ करने का दायित्वबोध इस प्रकाशन की मूल धारणा के पीछे कहीं छिपा है लेकिन विरोध अथवा निष्क्रियता का दबाव इतना प्रबल है कि कुछ कहने के पहले सौ बार चुप रहते-रहते चुप रहना स्वाभाविक और आदत के अनुकूल हो गया है, जब कि यह स्वाभाविक नहीं है, न उचित ही।

कथा का प्रकाशन कोई नारा नहीं वरन् मौन-भंग की स्थिति है जो हर दृष्टि से उस साहित्य अथवा ज्ञान पर लागू होती है जो आज के सन्दर्भों में कहीं किसी प्रकार की उकताहट, अकुलाहट, बेचैनी और आक्रोश का अनुभव कर रहा है। ग्रहण किये हुए वास्तव को अर्थ देना चाहता है, लेकिन हवा में कुछ ऐसी बदअमनी है कि वह अपने संवाहक गुण छोड़ चुकी है—शान्त-सुस्थिर समुद्र की तरह, अन्तर में हलचल का भी वातावरण नहीं है, ग्रह-योग पर ज्वार की सम्भावना भी झूठी सिद्ध हो चुकी है और गम्भीर फायरों के छूछे चले जाने के कारण लगने लगा है जैसे कहीं भयंकर कमी है। कुछ ऐसा लहज गया है कि कमर सीधी नहीं हो रही है और तनकर खड़े होने पर ऐसी हास्यास्पद, कार्टूनी आकृति बनती है कि लोग अब हँसते भी नहीं। मजाक और निन्दा के लिए भी पल भर अपना समय बर्बाद करने को तैयार नहीं हैं।

इस बीच कई प्रयोग हुए। कुछ मित्रों ने तय किया कि जेब में लाल मिर्च की बुकनी रखो और मौका पाते ही लोगों की आँखों में झोंक दो, कुछ ने कहा यह क्यों, आओ कपड़े उतारकर चौराहों पर खड़े हो जायें। कहना न होगा कि यह चरम निर्णय

थे, इसके पहले अनेक विधियाँ आजमायी जा चुकी थीं, जैसे हँसते-हँसते रो देना, बोलते-बोलते चिल्ला पड़ना और अजूबी शक्ल बनाकर सड़कों पर लोगों को आक्रान्त कर देना। अस्तित्व प्रदर्शन के वे सारे नुस्खे न सिर्फ नाकामयाब रहे बल्कि स्थिति पर एक उलटा असर डालते रहे। निदान ठीक न होने से दवा रोग को घटाने के बजाय बढ़ाती गयी।

कुछ ऐसे भी लोग हैं जो कहते हैं कि वे खड़े हैं लेकिन वे भी महज उस धोख (बिजूका) की तरह हैं जिन्हें खेत-मालिक ने जानवरों को डराने के लिए, काले कुर्ते पहनाकर अपने खेत में गाड़ रखा है। लोग उनकी बनावट देखकर मुस्कुरा देते हैं— 'अच्छा बनाया है!' लेकिन बच्चे डर जाते हैं— कुल यही एक प्रतिक्रिया है जिसे लेकर हमने बेहद हंगामा किया है। हममें से कुछ तो जैसे इस अनोखे नतीजे के मिलने से बेहद खुश हैं और लगातार चिल्लाये जा रहे हैं। लेकिन मैंने बच्चों को उसे उखाड़कर सड़कों पर घसीटते और रावण-रावण कहकर चिल्लाते और खुशियाँ मनाते भी देखा है, इसलिए बच्चे 'डरते ही हैं' यह कोई वैज्ञानिक प्रतिक्रिया नहीं है। अन्य लोगों की तरह उसे 'धोखा' मानकर आगे बढ़ना ही ठीक है, ऐसा हमारा अनुमान है। और यह ठीक है, क्योंकि ऐसा ही तो लोग कर रहे हैं— आस-पास के लोग, समाज के लोग, चुप लगा जानेवाले लोग, उपेक्षा करनेवाले लोग और सम्प्रेषण से इनकार करनेवाले लोग। तो इसी तर्क पर कहा जा सकता है कि लोग यानी आज के सामाजिक सन्दर्भ और कलाकार के आपसी सम्बन्धों के बीच कहीं अन्धी खाँईं है, जहाँ पानी भर रहा है, जहाँ से उपेक्षा, इनकार और चुप्पी जनम ले रही है। बुद्धिजीवी और कलाकार इसी खाँईं को पाटें, सन्दर्भ से जुड़ें और यह छोड़ें कि अमुक देश में लेखक ऐसा कर रहा है। वैसा वह अपनी निजी सामाजिक स्थितियों में कर रहा है, वही उसकी नियति है, जैसे हमारी यह कि हम एक ऐसे गौरवशाली मुल्क में पैदा हुए हैं, जहाँ अशिक्षा, गरीबी, भ्रष्टाचार का चारों ओर नंगा नाच हो रहा है। गन्दे प्रशासन और आदर्शवादी नीतियों के कारण समस्याएँ सुलझने के बजाय उलझती जा रही हैं, लेकिन लोग उन स्थितियों से अलग नहीं हो सकते क्योंकि वही उनकी नियति है, वही संवाहक हैं और उन्हीं के भीतर से होकर चेतना की पतली और क्षीण लहर दौड़ती है इसलिए उनका सहज ज्ञान पोथियों को तब तक झूठा करता रहेगा, जब तक कलाकार और बुद्धिजीवी उनसे जुड़ते नहीं।

'कथा' द्वारा कुछ ऐसे ही प्रयत्न होंगे, अपने ही परिवेश से चारों ओर जुड़ने और जोड़ने के, इसलिए विषय का बन्धन 'कथा' पर नहीं है। यह अंक हमारी बात पर पूरा नहीं उतरता, सिर्फ साहित्य की पत्रिका का भ्रम पैदा करता है। नाम से वह

और छोटा, सिर्फ कहानी, उपन्यास मात्र रह जाता है लेकिन वस्तुत: यह देश-कथा है। इसलिए अशिक्षा, गरीबी, शोषण और भूख की कथा है। सामाजिक ज्ञान के अन्य विषय भी 'कथा' की सीमाओं में हैं और अगले अंकों में उसका स्वरूप स्पष्ट होगा।

जैसा ऊपर कह आये हैं, कथा के साथ दावे नत्थी करने की स्थिति नहीं है—कुछ कहने और आज के सन्दर्भों की वास्तविकता से लगकर कहने की कोशिश होगी तो परिवर्तन की प्रक्रिया को बल मिलेगा और कुहासा खुदबखुद छँटेगा।

'कथा' पत्रिका के प्रवेशांक की सम्पादकीय

•

लोक-द्रोही बुद्धिजीवियों के दौर में

अनेक विवशताओं के कारण 'कथा' का यह अंक देर से और अनेक उच्चकोटि की रचनाओं और नये स्तम्भों को छोड़कर प्रकाशित हो रहा है। अगला अंक शीघ्र प्रकाशित होगा जिसमें आपको नये संचयन के साथ वह सब भी पढ़ने को मिलेगा।

प्रस्तुत अंक में चिन्तन का एक लम्बा विस्तार विद्यमान है। प्रबुद्धजन आज के जटिल जीवन-सन्दर्भों से लेकर प्राचीन भारतीय संस्कृति और सभ्यता के सही मूल्यांकन के प्रयत्न का एक अलग और वास्तविक मार्ग 'कथा' में स्पष्ट देख सकेंगे, जिसे निहित स्वार्थ के बुद्धिजीवियों ने धुँधला कर रखा है और आज भी वह प्रक्रिया जारी है और उस हद से गुजर रही है जहाँ कला और साहित्य देश की व्यापक जनता के जीवन से पूर्णत: विच्छिन्न हो चले हैं। शायद ही भारतीय इतिहास में कोई दूसरा ऐसा कालखण्ड खोजा जा सके जब सड़ी-गली, बदबू-भरी व्यवस्था की सेवा में अनेक वैज्ञानिक उपकरणों से सज्जित बुद्धिजीवियों की इतनी बड़ी संख्या पूरी शक्ति से लगी रही हो। आश्चर्य तो इस बात से होता है कि लोकद्रोही बुद्धिजीवियों की यह सेना वही सब करती हुई दिखायी पड़ती है जो जनता के जीवन में चालू है। मसलन यदि नशीली वस्तुओं का प्रचलन लोगों में बढ़ रहा है तो इसे व्यापक प्रचार देने में यह उन वस्तुओं के निर्माताओं से भी आगे बढ़ जाते हैं। सीमा पर पहुँची हुई यह क्रूर असम्पृक्तता हमारे नये सामाजिक विकास की एक अनोखी उपलब्धि है जो आज के यथास्थितिवादियों और परिवर्तनकारियों के बीच एक मजबूत सुरक्षा-दीवार का काम कर रही है।

अब यह पूरी तरह स्पष्ट हो चुका है कि इस दीवार के उपकरण क्या-क्या हैं? सुरक्षाकामी बुद्धिजीवियों की यह लम्बी कतार व्यवस्था से अनेक प्रकार के आर्थिक अवदानों से बँधी हुई है। नि:सन्देह उसमें धनिकों की मोटी नौकरियाँ, पाठ्य-पुस्तकें, पुरस्कार और पदवियाँ महत्त्वपूर्ण भूमिका अदा कर रही हैं और उसी अनुपात में कलाकारों का महत्त्व समाज में घट चला है। अब तो अनुभव के आधार

पर भी यह स्पष्ट हो चला है कि कलाकारों का दर्जा आगामी जनसंघर्षों में शायद अत्यन्त साधारण होगा और जो कलाकार उत्पीड़ितों के साथ होंगे, वे भी इस कारण महत्त्वपूर्ण होंगे कि वे परिवर्तनकारियों के पीछे दृढ़तापूर्वक चलते होंगे, और तब तक यह अस्वाभाविक भी नहीं लगेगा क्योंकि इस बीच अधिकांश कलाकार और लेखक अर्थवाद के चंगुल में फँसकर अपने ही कृत्यों से दम तोड़ चुके होंगे और उनकी कोई सामाजिक प्रतिष्ठा शेष नहीं बची होगी जिसकी, शुरुआत वर्तमान सामाजिक सन्दर्भों में पूरी तरह हो चुकी है। हम स्पष्ट देख रहे हैं कि बड़ा-से-बड़ा पुरस्कार देकर भी व्यवस्था अपने समर्थक लेखकों या कलाकारों को सामाजिक सम्मान दिला पाने में असमर्थ हो चली है, बल्कि इक्का-दुक्का वे लोग अधिक सम्मान के योग्य माने जाने लगे हैं जो पुरस्कार और पदवियों को अस्वीकार कर रहे हैं।

इसी प्रकार 'कथा' वर्तमान सामाजिक सन्दर्भों में बुद्धिजीवियों की वास्तविकतावादी भूमिका और व्यापक जनहित के कठिन मार्ग के लिए प्रतिश्रुत है जैसा कि इसके हर पृष्ठ से किसी पाठक को ज्ञात हो सकेगा।

अपनी इसी प्रतीक्षा की पूर्ति के लिए इस अंक में 'भारत में समाजवाद : दिशा और दृष्टि' शीर्षक एक राजनीतिक संवाद दिया जा रहा है। अधिक व्यवस्थित और संगत विचार के लिए पूरी चर्चा को प्रश्नावली में बाँधा गया है, जिससे हमारी आज की परिस्थितियों के माध्यम से समाजवाद सम्बन्धी मुख्य प्रश्नों का उत्तर अधिकारी विचारकों द्वारा, प्रस्तुत किया जा सके-जिसे जानने-समझने की उत्सुकता आज की मानसिकता का मुख्य प्रसंग है। ऐसा ही एक प्रयत्न 'नवलेखन पर धारावाहिक बहस' में भी किया गया है। ऊल-जलूल मिथ्या बहस के बीच से नवलेखन की मुख्य प्रवृत्तियों को विश्लेषित करने की यह प्रक्रिया 'कथा' के आगामी अंकों में भी जारी रहेगी और प्रासंगिक विश्लेषणों का स्वागत होगा।

'मूल्यांकन' में इस बार विशिष्ट सामग्री दी गयी है। लीक से हटकर वास्तविकताओं के विवेचन का मार्ग कितना कठिन है इसका अन्दाज इस बात से लगाया जा सकता है कि डी० डी० कोसाम्बी जैसी महान् प्रतिभा को महाजनी समाज-व्यवस्था ने कितनी कुशलता से भारतीय जनता के पास पहुँचने से रोक रखा है। हिन्दी में अनूदित उनकी पहली पुस्तक पर परिचर्चा देने का 'कथा' का अभिप्राय यह भी है कि भारत के इस महान् पुत्र के अध्ययन का समय सामने है।

कथा के इस अंक में अनेक त्रुटियाँ मिल सकती हैं— जिसके लिए हम क्षमा प्रार्थी हैं।

'कथा' अंक-२ की सम्पादकीय

●

प्रगतिशील मानस का ठहराव

संसार-भर का प्रगतिशील मानस एक बार फिर सहमकर ठिठक गया है। अपने देश का तो और भी क्योंकि घटनाओं की चमक ठीक हमारे सिरहाने हुई है। पूर्व बंगाल की शस्य-श्यामला धरती बेगुनाह इन्सानों के रक्त में डूब गयी है। पाकिस्तान अपने ही देशवासियों का विध्वंस कर रहा है। हम आँसू बहा सकते हैं—सो सारा देश आँसू बहा रहा है। आगे बढ़कर संघर्षरत जनता की अस्थायी सरकार को मान्यता देने का सवाल धीरे-धीरे खटाई में पड़ गया है। क्योंकि रूस धीरे से एक कदम पीछे हट गया है और अमेरिका ने इसे पाकिस्तान का आन्तरिक मामला मान लिया है। इसीलिए राष्ट्रों का विश्व-संगठन संयुक्त राष्ट्र जो इन शक्ति-सम्पन्न राष्ट्रों के इशारे पर सफलतापूर्वक नाचने का काम करता रहा है, इस अभूतपूर्व नर-संहार के मामले में चुप रह गया है। दलित-शोषित इन्सानों का समर्थक चीन क्रूर फौजी शासक याह्या खाँ की सरकार का समर्थक और निकटतम सहायक बना हुआ है। उसने इस कूटनीतिक संघर्ष में पहल करके पूरी स्थिति को इतना घाल-मेल कर दिया है कि अन्य बड़े राष्ट्रों के मनसूबे ध्वस्त हो गये हैं और अब वे पाकिस्तान में अपनी बची-खुची साख समाप्त नहीं करना चाहते। हमारे इस उपमहाद्वीप में राजनीतिक पैंतरेबाजी के दौर के पीछे उत्पीड़न और नर-संहार की यह भयंकर और लोमहर्षक कहानी इस माने में अनसुनी रह गयी है कि उसकी प्रतिक्रिया सहानुभूति और दयाभाव के दायरे में उलझकर रह गयी है जो यथास्थितिवादी प्रकृति का खास गुण है और यथास्थिति की प्रकृति इतिहास की प्रगति की विरोधी है। स्पष्ट है कि जन-संघर्षों में अटूट विश्वास रखनेवाली संघर्षशील जनता पर यह एक बड़ा धक्का है जो द्वन्द्वात्मक विकासवादी दृष्टि की वैज्ञानिक पद्धति को मात्र रणनीति के आश्रित होते देखकर हतप्रभ है।

इस धारणा को इस कारण और भी बल मिला है, जब श्रीलंका के युवा क्रान्तिकारियों को कुचलने के लिए भारत की जनप्रिय सरकार ने सबसे पहले

हेलीकाप्टर भेजे। पाकिस्तान के हेलीकाप्टर वहाँ पहले ही पहुँच गये थे। किसी देश के आन्तरिक जन-संघर्ष के विरुद्ध श्रीमती गाँधी और याह्या खाँ का यह सहयोग विचित्र है। इतना ही नहीं एक ओर बँगलादेश के लिए सहानुभूति-प्रस्ताव और दूसरी ओर बँग्लादेश की जनता की हत्या के लिए पाकिस्तानी फौजों को यातायात की हर तरह की सुविधा देनेवाली श्रीलंका की सरकार की सहायता भारत सरकार के वास्तविक चरित्र को उद्घाटित करती है।

अब तो अस्त्र-शस्त्र से लदे रूस के विमान श्रीलंका की सरकार को बचाने के लिए वहाँ पहुँच गये हैं। इसे किसी ने, किसी सरकार का आन्तरिक मामला नहीं माना है। सरकारें सरकारों के साथ हैं चाहे उनका जैसा भी स्वभाव हो और जन-आन्दोलन, चाहे वह जिस भी झण्डे के नीचे हो रहे हों—कुचले जाने हैं। स्पष्ट है कि सत्ताओं के इन पैंतरों में अपने निजी राष्ट्रीय हित और व्यापारिक लाभ प्रधान हो गये हैं—दलित-शोषित जनता का हित और सर्वहारा की क्रान्ति गौण। क्रान्तिकारी जन-मानस का यह निर्वासन हमारे गये दौर के इतिहास की खास घटना है जो साहित्य और संस्कृति के क्षेत्र में काम करनेवाले सजग एवं परिवर्तनकामी लोगों को एक नये सवाल के सामने ला खड़ा करती है और सिद्धान्तविहीन समझौतों, हेर-फेर तथा निजी हित में समाहित होकर, व्यक्ति केन्द्रित होने को प्रेरित करती है।

साहित्य और कला के क्षेत्र में काम करनेवाले लोगों का एक भाग सुख-सुविधा की तलाश में जन-मानस की सच्चाइयों के निर्माण का मार्ग छोड़कर ऐसे कार्यों में पहले से लगा हुआ है जिससे वास्तविकतामूलक दृष्टि गौण हो जाये और लेखन को व्यापक जीवन और समाज के कार्यकलापों से हटाकर लेखक की व्यक्तिपरक आकांक्षाओं में केन्द्रित कर दिया जाये। अब नयी स्थितियाँ उन लेखकों की दृष्टि को भी धुँधला कर देने की सम्भावना पैदा कर रही हैं जो जन-संघर्षों में ही मानवीय विकास की दिशा देखते रहे हैं। विचारणीय है कि अब से क्या मार्क्सवादी लेखकों के लिए मात्र रणनीति ही वास्तविकता के अंकन का आधार बनेगी और सिद्धान्त की वैज्ञानिक पद्धति सच्चाइयों की तलाश और परिभाषा के लिए गौण ही जायेगी?

'कथा' अंक-३ की सम्पादकीय

●

क्या करें

आज यह बात किसी से छिपी नहीं है कि शासन ने अन्तत: देश के धनिक वर्ग के सामने घुटने टेक दिये हैं और उसके तमाम वैधानिक दाँव-पेंच प्रभावहीन और अर्थहीन हो गये हैं। जनता के नाम पर रचे गये सारे आदर्शवादी वाक्यों का विन्यास टूटकर खोखला हो गया है और उसकी निरर्थकता उजागर हो गयी है। जनता के न्याय-संगत आन्दोलनों को लगातार कुचलने के कारण सरकार उस प्रमुख शक्ति पर से विश्वास खो चुकी है जो किसी भी संकट में उसके पास सबसे सबल हथियार सिद्ध हो सकता था। शायद शासकों को इस बात का भी भ्रम हो गया है कि जन-समर्थन बाजार में हमेशा किराये पर मिलता रहेगा और जनता का गला घोंटकर धन कमानेवाले एकाधिकारी इसी तरह उसे चुनाव जीतने के लिए चन्दा देते रहें। बेशक वे चन्दा बढ़ाते जायेंगे लेकिन उसी मात्रा में सरकार पर उनकी पकड़ भी मजबूत होती जायेगी। आगे अँधेरा-ही-अँधेरा है।

शासकों की गलत नीति के कारण देश भंयकर संक्रान्ति में फँस चुका है जिससे बाहर निकलना अब आसान नहीं है। जनता का मनोबल टूट चुका है। निरन्तर मानसिक तनाव ने उसे अर्द्धविक्षिप्त बना दिया है और अब वह दैनिक इस्तेमाल की चीजों की खोज से उबर नहीं पा रही है। यह उदासीनता किसी भी जनप्रिय सरकार की प्रमुख चिन्ता होनी चाहिए थी लेकिन सरकार इसे बढ़ाने पर तुली हुई है और जनउभारों को दबानेवाले सारे कानून तथा पुलिस, पी.ए.सी. लेकर खड़ी है। देश के बुद्धिजीवी अवाक् हैं। संस्कृति और कला के विकास को पूरी तरह गैरजरूरी मान लिया गया है और सांस्कृतिक विकास के कार्यक्रम रद्द किये जा रहे हैं। राष्ट्र की स्वतन्त्र चेतना और मानसिक रचना को विकसित करने का मुख्य साधन पुस्तकें— अब कागज के अभाव में एक चौथाई भी नहीं छप पायेंगी क्योंकि कागज के उत्पादकों से थोड़ा कागज अपने लिये निश्चित मूल्य पर सुरक्षित कराकर सरकार

ने उन्हें पूरी सट्टेबाजी की छूट दे दी है और चार सौ प्रतिशत मूल्य पर भी कागज खुले बाजार में उपलब्ध नहीं हैं। क्यों न इसे भी जन-भावनाओं को व्यक्त होने पर रुकावट की एक साजिश-भरी कार्यवाही माना जाये। कागज का मूल्य साधारण जनता की खरीद की क्षमता से पूर्णत: बाहर चला गया है और वह भी एक ऐसे जनतन्त्र में जहाँ अभी तक तीस प्रतिशत से ज्यादा लोग साक्षर नहीं हो पाये हैं।

ऐसी परिस्थितियों में 'क्या करें' के प्रश्न के साथ, कथा का एक अरसे से रुका हुआ प्रकाशन फिर से शुरू किया जा रहा है। यह अंक एक अरसे से छपा पड़ा था और हम अनेक बाधाओं में घिरे हुए थे और आज भी वैसे ही घिरे हुए हैं, फिर भी हमें आशा है कि आगामी अंकों में हम अपने सहयोगियों, मित्रों तथा पाठकों की अपेक्षाएँ पूरी कर सकेंगे। फिलहाल कथा के आगामी अंक में राष्ट्रीय पैमाने पर इसी प्रश्न पर बहस होगी कि वर्तमान परिस्थितियों में क्या करें।

'कथा' अंक-४ की सम्पादकीय

●

रचनाशीलता का संकट और आलोचना के मानदण्ड

रचना के सन्दर्भ में आविष्कार की बात करना अन्यथा नहीं है—खासकर उस समय जब समूची रचनाशीलता के सामने अस्तित्व का प्रश्न हो। पाठक अनमने हों, बाजार सस्पेन्स, अपराध, मार-दहाड़ जैसी चटपटी सामग्री से पटा हुआ हो, रचना अथवा आलोचना के मानदण्ड किन्हीं व्यक्तिगत कुण्ठाओं के आधार पर टूट-बन रहे हों और प्रसार तथा प्रकाशन के माध्यमों के नियन्ता मानदण्डों के नियामक बनने का भ्रम पाल रहे हों।

द्वन्द्वात्मक प्रक्रिया की स्वीकृति के बाद इतिहास ऐसे प्रसंगों पर मूक नहीं है। भेद सिर्फ इतना है कि उसकी अनुभव-सिद्धि इस प्रसंग पर परिणाम को प्राप्त नहीं कर पायी है इसलिए प्रायोगिक दौर में वह टटोल-टटोलकर उढ़कता हुआ आगे बढ़ रहा है और कई बार ठोकरें खाकर गिरता हुआ भी देखा जा रहा है। सत्ता और विचार की इस सहयात्रा में रणनीति सदा यह होगी कि सत्ता रहेगी तभी विचार बचेगा। अन्यथा वह काल-कवलित हो जायेगा। विचार में संशोधन की शुरुआत इसी धारणा से होती है और वह रणनीति के आश्रित होकर वास्तविकता के खरेपन से वंचित हो जाता है—महत्तर दिशा-बोध का आईना धुँधला पड़ जाता है।

रचना के सन्दर्भ में विचारों की बात इसलिए भी प्रमुख हो उठी है कि हमारे गुण में विचारमुक्त रचना की सोच सम्भव नहीं इसलिए बाह्य नियमन और विधि-विधान से रचना की सुरक्षा एक कठिन समस्या है—खासकर वास्तविकतावादी रचना की जिसे रणनीति के दबाव में संशोधित करना उसे रोमानी अथवा निर्जीव बना देना होगा। निश्चय ही ऐसी रचना न तो समय के ताप को सह सकती है, न अधिक गहरी मानवीय सच्चाइयों को अभिव्यक्त कर सकती है। इसलिए यथार्थ की अभिव्यक्ति के लिए लीक से हटना होगा। उसकी संश्लिष्ट चेतना को सहज मुहावरों

में पकड़ने के लिए आविष्कार का मार्ग अपनाना पड़ेगा—ऐसा मार्ग जो बिना वैचारिक संशोधन के वास्तविकता के सृजन में सहायक होने के साथ ही रचना की एक पहचान स्थापित करने में समर्थ हो सके, उसे आज के ऊहापोह-भरे जंगल से बाहर निकालकर अलग कर सके।

'कथा' अंक-५ की सम्पादकीय

●

भारतीय रचनाशीलता की प्रमुख प्रवृत्ति

जीवन और समाज से जुड़ी हुई प्रगतिशील साहित्य-चिन्तन-दृष्टि में विसंगतियाँ कोई अनहोनी बात नहीं हैं। विकास और परिवर्तन की प्रक्रिया मानवीय चेतना और संवेदना में ऐसे बदलाव का कारण बनती रही है जो कई बार मुड़कर देश-काल की व्याख्या पर मजबूर करती है। समाज की वस्तुगत स्थिति पर दृष्टि रखनेवालों के लिए ऐसे बदलाव स्वाभाविक हैं क्योंकि इसी वैज्ञानिक दृष्टि के उपयोग से कालान्तर में, किसी काल-विशेष की रचना द्वारा उस समय के जीवन और समाज का अध्ययन सम्भव है। अभिप्राय यह कि समकालिक सामाजिक स्थितियाँ ही रचना के मूल्य तथा प्रक्रिया की अवधारक हैं। व्यतिक्रम होगा तो रचना का मर्म च्युत होगा और काल्पनिकता तथा अतिशयता के कारण या तो वह वायवी हो उठेगी अथवा काल्पनिक।

रचना का यह संघर्ष नया नहीं है। सामाजिक सन्दर्भों के प्रति प्रतिश्रुति की अवधारणा के साथ श्रेष्ठ कृतियों वे सृजन का एक इतिहास है। वस्तुतः हमारे समय का अर्थवान् सृजन असहमति द्वारा ही सम्भव हुआ है। बाह्य मान्यताओं के दबाव से मुक्ति के कारण उच्चतर सृजनात्मक उपलब्धियों और श्रेष्ठ सर्जक व्यक्तित्वों के उदय की सम्भावनाएँ भी बनी हैं।

लेकिन खुलेपन के नाम पर वैयक्तिक कुण्ठा, भाववाद, अनुभववाद और प्रकृतवाद के प्रत्यावर्तन के वे खतरे भी सामने हैं जो समय-समय पर सृजनात्मक प्रक्रिया के दौरान उच्छिष्ट मानकर त्याग दिये गये थे। क्योंकि, त्याग तो धर्म के अन्धविश्वासी, रूढ़ और कर्मकाण्डी रूप का भी हुआ था जो बड़े जोर-शोर से आज नये मनुष्य के त्राण के लिए आगे आया है और उसके भावलोक के लिए मुक्ति के नये मार्ग खोल देने की बात कह रहा है। स्त्री को मात्र भोग्या और शरीर मान लेने की सामन्ती प्रवृत्तियों के त्याग की लड़ाई भी लड़ी गयी थी और तय पाया था

कि समाज में उसका बराबरी का हिस्सा रहेगा। लेकिन सहसा उसका नंगापन ही प्रीतिकर होता दिखायी पड़ रहा है। विचारधारा मात्र का यह विसर्जन मृत्युगामी और पशुवृत्ति की शुरुआत का कारण बन सकता है। मानवीय उपलब्धियों का क्षणिक नकार सम्भव है लेकिन स्मृति और इतिहास का क्या होगा जो नकार को दरकिनार कर परम्परा को फिर सीधा कर लेगा और मानवीय संवेदनाओं को अनुक्रमिकता उच्चतर सामाजिक आदर्शों के लिए नयी यात्राएँ शुरू करेगी।

उल्लेखनीय है कि वस्तुगत सामाजिक सन्दर्भों के यथार्थ को सार्थक रचना के लिए आवश्यक मानकर एक गम्भीर वैचारिक संघर्ष आजादी के आसपास के वर्षों में हमारे यहाँ भी हुआ था। हिन्दी कविता सृजनात्मक स्वतन्त्रता के नाम पर मृत्युबोध से ग्रस्त यूरोपीय विचारधारा के प्रभाव में वैयक्तिक कुण्ठाओं की अभिव्यक्ति के लिए 'प्रयोग' कर रही थी। यशपाल तथा अन्य प्रगतिशील लेखक, मात्र वैचारिक मान्यताओं को सृजन का मूल मन्त्र मानकर काल्पनिक सामाजिक सन्दर्भों में नकली चरित्रों की सृष्टि कर रहे थे। दोनों की रचना-प्रक्रिया में अद्‌भुत साम्य था। कल्पना और भाववाद से ग्रस्त साहित्यिक पृष्ठभूमि में नयी कहानी के लेखकों ने यथार्थ के साक्ष्य की बात उठाकर आधुनिकतावादियों की मृत्युगामी रचनात्मक दृष्टि और प्रगतिवादियों की काल्पनिक क्रान्तिधर्मिता से दोहरा संघर्ष किया। स्वतन्त्रता-प्राप्ति के बाद के भारत की एक वास्तविक तस्वीर इस समय लिखी गयी कहानियों में देखी जा सकती है। ध्यान देने की बात तो यह है कि नयी-नयी स्थापित स्वदेशी व्यवस्था का समर्थन इस काल की रचनाओं में देखने को नहीं मिलता। असहमति और यथार्थ का यह योगायोग भारतीय रचनात्मक विकास में रेखांकित करने लायक और हिन्दी साहित्य की संघर्षशील परम्पराओं को आगे बढ़ानेवाला है। जनवादी संस्थानों की सुरक्षा, सम्प्रदायवाद तथा जातिवाद के विरुद्ध संघर्ष भारतीय रचनाशील प्रवृत्ति का प्रमुख अंग रहा है, इसलिए विचलन अथवा पुनर्विचार का सवाल हमारे सामने नहीं है। 'कथा' का प्रकाशन एक सुदीर्घ अन्तराल के बाद ऐसे समय हो रहा है जब हम अपने समय की सच्चाइयों और संवेदनाओं के साथ उच्चतर सामाजिक बोध और परिवर्तन की आकांक्षा के हामी हैं। वास्तविकताओं का निमित्त ही 'कथा' के लिए विश्लेषित ज्ञान, विज्ञान, कला और साहित्य का आधार रहेगा।

'कथा' अंक-६ की सम्पादकीय

संक्रमण का यथार्थ और स्वानुभूति

हमें आपसे बहुत-सी बातें कहनी थीं—प्रिय कम अप्रिय ज्यादा और यह तब मालूम हुआ जब उन्हें लिखने बैठा। उत्तर आधुनिकता और जादुई यथार्थ की पहली छलाँग में ही मैं पूर्व-आधुनिकता के गड्ढे में भहरा पड़ा, जहाँ कटु और मूर्त यथार्थ के घेरे में देश की अस्सी प्रतिशत जनता बिलबिलाती हुई हाय-हाय कर रही थी। साम्प्रदायिकता, धर्म, अन्धविश्वास और अशिक्षा जैसे बेपनाह रोग-शोक से ग्रस्त। मन में आया, क्यों न जादुई यथार्थ का सहारा लेकर इसे एक फैण्टेसी में बाँध दूँ, तभी एक मित्र की आवाज कान से टकरायी जो अभी-अभी आकर सामने बैठ गये थे। बिना किसी प्रसंग के बोले, 'दिल्ली में अब दूरदर्शन, आउट हाउसेज़ और झुग्गी-झोंपड़ियों की चीज बनकर रह गया है—क्या है—रत्तीभर का भी मनोरंजन नहीं। साहब, अब तो लोग अमित टी. वी. देखेंगे। स्टार टी. वी. और ऐसे दूसरे अनेक चैनेल उपलब्ध होंगे जिन पर ब्लू फिल्में दिखेंगी, नंगे नाच होंगे। भला ऐसे में साहित्य...।' और वे हो-होकर हँसते रहे। 'उपन्यास! और वो भी हिन्दी के, उन्होंने अपने होंठों को विकृत करते हुए कहा, सब खत्म हो चुका है।' लेकिन मेरे कान उनकी बातों के दौरान कबके सुन्न हो चुके थे। मुझे लग रहा था—जैसे इनके लिए सारा हिन्दुस्तान दिल्ली ही है, जहाँ से मित्र अभी-अभी लौटे थे और लगातार बोलते जा रहे थे, 'लेखक रेस के घोड़ों की तरह दौड़ पड़े हैं—तीस-चालीस, पचास हजार की बोली पर जान छोड़कर बेतहाशा भाग रहे हैं। सेठों के रंगीन अखबार, टी.वी. सीरियल और न जाने कितने ही ऐसे बाजार खुल गये हैं, जहाँ रोज बोली चढ़ती रहती है। जरूरत नान सीरियस हो जाने की है—विदेशी पत्र-पत्रिकाओं से कुछ नये आन्दोलनों की चर्चा और कला-साहित्य सम्बन्धी व्याख्याओं को उठा लेने की है।' उन्होंने दु:ख के साथ आक्रामक होकर कहा, 'साहब आपको पूछता कौन है। इससे अच्छे तो वे लोग हैं जो पौराणिक आख्यानों का उल्था करने में जुट गये हैं। देवी-देवताओं की कहानियाँ लिख रहे हैं...।' तभी चाय आ गयी। मैंने कहा, 'बहुत घायल होकर लौटे हुए जान पड़ते हो।'

दो घूँट चाय पीकर बोले, 'और भाई साहब 'कथा' का क्या हुआ; वह तो कब की छप गयी थी।'' 'हाँ, छप तो गयी थी लेकिन बीच में एक पन्ना सम्पादकीय के लिए छूट गया था।'

'अरे आप भी...!' उन्होंने फिर मुँह बिगाड़ा, 'देख नहीं रहे हैं, लोग नीम पागल हो चुके हैं। अब किसी को नौकरी-चाकरी मिलनेवाली है? स्वाभिमान, अस्मिता का राग अलापते हम बूढ़े हो गये—व्यक्तियों की तो बात छोड़िये, राष्ट्रों के पास भी वह कहाँ रहा! जो अमेरिका की बात नहीं मानेगा, उसे जिबह कर दिया जायेगा। अब तो वह आपके चौके की रोटियां गिनने तक पहुँच रहा है। लेनिन ने कितना सच कहा था, 'साम्राज्यवाद पूँजीवाद की अन्तिम परिणति है।'

निश्चय ही ऐसी आहटें आपके कानों तक भी पहुँच रही होंगी।—राज्य का काम जन-सेवा नहीं, वह मात्र व्यवस्थापन के लिए है। वह दरिद्रनारायण की धाय मां नहीं, जो अपनी छातियाँ उसके मुँह में लगाये फिरे। अर्थ यह कि मनुष्य गौण होगा। उसे बताया जा रहा है कि तुम्हें दाम दिया जायेगा। उसे लो और संस्थान से बाहर निकल जाओ।

प्रेमचन्द और जैनेन्द्र ने पूँजीवाद के शैशव को एक आशा भरे विकल्प के रूप में देखा था। तब लोकतन्त्र की चेतना और व्यक्तिबोध आया था उसके साथ, लेकिन वह शिशु अब भयावह अर्थपिशाच बन गया है। उसके पास विश्वबैंक और अ. रा. मुद्राकोश जैसी विशाल सम्पदा-शक्ति है। इसलिए भारतीय समाज के सामने संक्रमण का एक ऐसा दौर है जिसकी प्रतीति न उसकी परम्परा में है, न प्रकृति में। फिलहाल इस संक्रमण का यथार्थ हमारे अनुभव का हिस्सा नहीं है लेकिन एक सत्याभास तो है। हमें विश्वास है कि सामाजिक सन्दर्भों के प्रति जागरूक लेखक उसे जरूर देख रहे होंगे।

इस अंक में धर्म पर एक पुरानी परिचर्चा दी गयी है। उसमें हिस्सा लेनेवाली विभूतियों के परिचय यह मानकर नहीं दिये गये हैं कि पाठकों का इतिहास-बोध इतना क्षीण नहीं है। अनिल कुमार सिंह की अनेक कविताएँ उनकी प्रखर रचनाशीलता और संवेदनाओं के सर्वथा नये काव्य-बोध को रेखांकित करने के लिए प्रकाशित हैं। कवि के रूप में जाने जानेवाले हरीशचन्द्र पाण्डे की यथार्थ को एक नया आयाम देनेवाली एक कहानी दी जा रही है। इन पर आपके अभिमत का स्वागत रहेगा।

'कथा' अंक-७ की सम्पादकीय

•

सत्ता की संस्कृति और जन-पक्षधरता

बहुत दबाव हैं—संस्कृति के समूचे ताने-बाने पर। साहित्य पर तो और भी। सच्चाइयों का मोहरा पूँजीपतियों, साम्राज्यवादियों, उनके दलालों और पिट्ठुओं की चपेट में है। अब तो वे उसे बेधड़क अपनी चालों में इस्तेमाल कर रहे हैं। सीना ठोंककर लोकतान्त्रिक संस्थाओं की खिल्लियाँ उड़ाने पर उतर आये हैं। उनका इरादा इस महादेश की मान्य, जनवादी लोक-नीति को बदल देने का है। मुट्ठी भर नकाबपोश तन्त्र का संचालन कर रहे हैं, सरकार चाहे जिस किसी की हो।

अब यथार्थ की अभिव्यक्ति के सामने, चेतना के स्तर पर एक दीर्घ और भयावह, अप्रत्यक्ष युद्ध का बिगुल बज चुका है। सच्चाइयों के पुरोधाओं की जुबान में भी पक्षधरता के असर साफ जाहिर हो रहे हैं जैसे वे कहीं भीतर से निरन्तर लाचार होते जा रहे हों। वे अभी मल्टीनेशनल की वकालत तो नहीं कर रहे हैं, लेकिन उनके स्वागत के लिए हाथ में तख्तियाँ लिये खड़े लोगों की कतार में, शरीक होने में शर्म महसूस करना छोड़ रहे हैं।

ऐसे में उन्हें, जो सच की जमीन पर टिकना चाहते हैं और उसी को कला एवं साहित्य की वास्तविक आधार-भूमि मानते हैं, निरन्तर 'फेंक' होते हुए सृजन-कर्म के प्रदूषण के बारे में समाज को सचेत करते रहना होगा, क्योंकि वह आज की बाजारू संस्कृति के बनावटीपन और झूठ से उपजकर आनेवाली पीढ़ी में कैन्सर का बीज बो रहा है। उसके सिद्धान्तकार झूठ को सच और सच को झूठ बना रहे हैं। वे साहित्य और अन्य कलाओं के नये प्रतिमान की चेष्टा में लग गये हैं और एक नयी अवधारित सूचिका को लोकसम्मत मुख्यधारा में, पाश्चात्य आलोचना की मिथ्या पतनशील उक्तियों की आड़ लेकर समेकित करना चाहते हैं। वे सामाजिक सच्चाइयों की सोच के रास्ते को खुरचने की मूसक-वृत्ति में लग गये हैं। समाज एवं जीवन-मूल्यों की किसी भी भूमिका को स्वीकार करनेवालों में वे अब अपनी शिरकत की

पुरानी लालच छोड़ चुके हैं। वे अब अपनी प्रच्छन्न, दलाल प्रकृति को छिपाने में दिलचस्पी नहीं रखते।

कुछेक लेखकों के बदले हुए चेहरे अब अनायास पहचान में आने लगे हैं। वे इनाम अकराम की आन्तरिक लिप्सा के कारण नयी सूचीबद्धता का अधीरतापूर्वक इन्तजार कर रहे हैं। वैसे भिन्न चेहरा लगाकर इन्तजार करने का समय बीत चुका है। वे भूलते हैं कि सहसा बीते हुए अध्यात्म का भाववादी आभास प्रदर्शित करना, अब पुराना कोढ़ साबित हो चुका है। उन्हें तो अब करुणा, संवेदना, दया जैसे मानक शब्दों को प्रत्यक्ष करनेवाली नयी राह को ईजाद करना होगा लेकिन, दुःख की बात तो यह है कि इन शब्दों का मुलम्मा भी काफी हद तक उतर चुका है। अब भाषा की ओट में इनका व्यापार भी संकट में है। अब तो उपभोक्ता–बाजार में यह खरीद-फरोख्त की वस्तु बन चुके हैं। सम्प्रति इतना ही।

कथा का यह अंक आपके पास बहुत देर से पहुँच रहा है। हमारी कोशिश होगी कि अगली बार हम जल्दी ही आपसे मिलें।

'कथा' अंक-८ की सम्पादकीय

●

*

वर्तमान साहित्य की गति

पिछले दिनों के असंगत वैचारिक झटकों के बावजूद साहित्य की मन्थर गति और बेमिसाल उदास छवि में कोई परिवर्तन नहीं आया है। यह भी कि उपभोक्तावाद और इलेक्ट्रॉनिक मीडिया के ऊलजलूल प्रलाप अथवा बेमानी हास्य जैसी सस्ती प्रकृति का उस पर प्रभाव लक्षित नहीं हो रहा है। कुछ बिचौलिये जो साहित्य की चर्चा से अखबारों का कारोबार चलाते हैं—वे भी अब मौके-बेमौके खासकर बड़े-बूढ़े लेखकों की मौत पर ही मुँह खोल रहे हैं।

ऐसा क्यों है? शायद इसलिए कि रचना का साक्ष्य उन्हें नहीं मिल रहा है। इसलिए पाश्चात्य सामाजिक और सांस्कृतिक परिस्थितियों से उधार लिये हुए विचार हमारे जैसे बदहाल देश में नहीं चल पा रहे हैं। गरीबी, अशिक्षा, बेरोजगारी ने आज अनेक लेखकों को सामाजिक परिस्थितियों के यथार्थ की ओर आकर्षित किया है। एक बार फिर वे देश के तात्कालिक हालात पर गहराई से सोच-विचार कर रहे हैं। इधर खासकर कविताओं, कहानियों और उपन्यासों पर ऐसे प्रभाव लक्षित हो रहे हैं, जो हमें आज के जीवन की सच्चाइयों से रूबरू करते हैं।

चकित करनेवाली बात तो यह है कि कुछ पुराने मार्क्सवादी जो किसी समय जनता के भीतर बैठे अन्धकार और अन्धविश्वास के ऊपर क्रान्ति का मुलम्मा चढ़ाया करते थे, आज भी वास्तविकताओं को उसी तरह झुठलाने का काम कर रहे हैं। कथा-प्रसंगों की जगह तकनीक और वाचन-प्रकृति की हिमायत कर रहे हैं। सभी जानते हैं कि वे अनजाने ऐसा नहीं कर रहे हैं, लेकिन रोज-ब-रोज नंगे होते जाते पूँजीवादी समाज के प्रति नयी-नयी आशाओं और प्रलोभनों ने उन्हें अन्धा बना रखा है।

कथा के इस अंक में कुछेक उपन्यासों की चर्चा इन्हीं वैचारिक अवधारणाओं का परिणाम है। हम भविष्य में भी इस चर्चा को आगे बढ़ायेंगे।

कथा में इस बार विद्यासागर नौटियाल और नासिरा शर्मा की रचनाएँ आप पहली बार पढ़ेंगे। हम उनके सहज सहयोग के लिए आभारी हैं। कृष्णमोहन और इलाहाबाद विश्वविद्यालय हिन्दी विभाग के प्रध्यापक प्रणय कृष्ण भी कथा में पहली बार छप रहे हैं।

हम आशा करते हैं कि कथा के पाठक सदा की भाँति हमें अपनी राय से अवगत करायेंगे।

'कथा' अंक-९ की सम्पादकीय

●

साहित्य के अछूते प्रसंग

एक बार फिर 'कथा' आपके सामने है—नये-पुराने कई तरह के विचार-विमर्श तथा रचनाओं के साथ। इसे तो कब का आपके हाथों में होना था। अंक तैयार भी था लेकिन प्रेस और अन्य प्रकाशकीय झंझटों को स्वास्थ्य के चलते सुलझा नहीं पाया और इतनी देर हो गयी। साथ ही वह बहुत-कुछ जो इस अंक के द्वारा आप तक पहुँचाना चाहते थे, वह भी इस अंक में जाने से रह गया।

जैसा कि आप बेहतर जानते हैं कि रचनाएँ ही वह माध्यम हैं, जिन पर साहित्य की पत्रिका की नींव खड़ी होती है। हम साहित्य से सम्बन्धित प्रतिमानों के लिए बाह्य प्रत्यारोपणों पर विश्वास नहीं करते।

इस बीच साहित्य में नकली तथा बनावटी चेहरों की उपस्थिति में वृद्धि हुई है। यह सब 'कथा' की निगाहों से कभी भी ओझल नहीं होता। उदाहरण के लिए उत्तर आधुनिकता की बात करनेवालों से जरा लौटकर पूछिये कि भाई, किसी उत्तर आधुनिक कहानी, कविता, नाटक अथवा उपन्यास का उल्लेख भी कीजिये, अपने अनमोल विचारों के परिप्रेक्ष्य में। वे बगलें झाँकने लगेंगे। वे कथा के सन्दर्भ में कभी-कभी आख्यान की चर्चा करेंगे। समाज को साहित्य के बाहर आसमान की गोद में डालने का उनका अभिप्राय लेखक को किसी भी सामाजिक जिम्मेदारी से मुक्त कर देना है।

लेकिन इस सारे मिथ्यात्व के बावजूद कथा सजीव पात्रों के द्वार खटखटा रही है। ऐसे जीवन-सन्दर्भों की खोज में है जो अछूते हैं। देश-भर में लेखक आधारभूत कथा स्रोतों की ओर उन्मुख हो रहे हैं। और यही एक सूत्र है जो एशिया, अफ्रीका तथा अन्य पिछड़े देशों में कथा की नयी दिशा देने में समर्थ हो रहा है। अपने देश में भी बहुत-सारे लेखक इस व्यापक और विविध सन्दर्भों के महत्त्व को पहचान रहे हैं। वे समझ रहे हैं कि विकसित देशों की तरह कथा-तत्त्व, भाषिक नवीनता,

चरित्र सम्पदा और बहुआयामी जीवन–सन्दर्भों का अकाल हमारे यहाँ नहीं है। हमारे पास तो अभी अछूते कथा–प्रसंगों का विपुल भण्डार है।

अनेक ऐसे उपन्यास आये हैं और निश्चय ही यह लहर रुकनेवाली नहीं है। हम बड़ी आशा और विश्वास के साथ यह कहना चाहते हैं कि अगली सदी भारतीय उपन्यास के विकास की सदी होने जा रही है।

बात कुछ दूसरी तरफ मुड़ गयी। बहरहाल 'कथा' का प्रस्तुत अंक आपके सामने है।

'कथा' अंक-१० की सम्पादकीय

*

सामाजिक सन्दर्भ और फासिस्ट दबाव

देर से ही सही 'कथा' का एक अंक लेकर हम आपके सामने आये हैं। अनेक तरह की परेशानियाँ जिनमें स्वास्थ्य प्रमुख है, इस देर का कारण है। कई मित्रों का कहना है कि देर से प्रकाशित होने के बाद भी उन्हें लगता है कि कथा उनके साथ बनी रहती है। उनकी सहृदयता के लिए हम आभारी हैं और उनके भी जो कथा के लिए अपना रचनात्मक एवं आलोचनात्मक सहयोग हमें देते रहे हैं।

हमारा ऐसा मानना है कि आज हमारी सारी रचनात्मक ऊर्जा संकटग्रस्त है। बावजूद इसके कि बहुत सारा लेखन हो रहा है और यह भी एक बड़ा सच है कि कलमें कैद नहीं की जा सकतीं। लेकिन हमारे सामाजिक सन्दर्भ ही नहीं बल्कि शासन और सत्ता भी एक ऐसे दौर से गुजर रही है जो फासिस्ट शक्तियों के दबाव से मुक्त नहीं है। बाजारवाद ने हमें आदमी की जगह ग्राहक बना दिया है और हमारा लोकतन्त्र जैसे झूठा होता जा रहा है। भूख और बेरोजगारी से सारा देश त्रस्त है। किसान जो इस देश का प्रथम नागरिक है आत्महत्या करने पर मजबूर हो रहा है। निश्चय ही हमारे समय का यथार्थ बदल गया है। मुझे दुःख के साथ कहना पड़ रहा है कि हमारे समय का रचनाकार अपनी रचनाशीलता में इस भयावह सच को व्यक्त नहीं कर पा रहा है।

कुछ लोग विमर्शों के कुहासे में लोगों को दिग्भ्रमित कर रहे हैं। हम कथा के अगले अंक में इन सन्दर्भों पर व्यापक चर्चा करना चाहते हैं। यदि आप हमें इस सिलसिले में कोई पत्र लिखेंगे तो हम उसे जरूर प्रकाशित करेंगे।

इस अंक में प्रकाशित अनन्ता सिंह एकमात्र कवयित्री हैं जो कभी किसी पत्रिका में पहली बार प्रकाशित हो रही हैं। वैसे वे अब इस संसार में नहीं हैं, लेकिन

उनकी डायरी से कुछ कविताएँ लेकर व्यक्तिगत वितरण के लिए एक पुस्तक छापी गयी है। वे चित्रकला, शास्त्रीय संगीत और सामाजिक कार्यों में दिलचस्पी लेती रही थीं।

हम आज के समय को रेखांकित करनेवाली रचनाओं की माँग भी आपसे कर रहे हैं। आपके पत्रों की हमें प्रतीक्षा रहेगी।

'कथा' अंक-११ की सम्पादकीय

●

रचनाकार और संगठन

बार-बार लोग पूछते हैं कि आज की रचना को कोई नाम क्यों नहीं देते।

विमर्शों से तो कुछ बना नहीं—वे तो अवसाद की तरह आ-जा रहे हैं। बैठते भी हैं तो समईराम और सिताबिन धोबिन बहुत देर तक उनका साथ नहीं देतीं और दूसरों से नज़रें मिलाने लगतीं हैं।

भूमण्डलीकरण, बाजारवाद और आधुनिकतावाद भी समाज और समय के साथ अपने खेल से बाज आनेवाले नहीं हैं। लेकिन बेचारे करें क्या, रचना के साक्ष्य के अभाव में साहित्य का दरवाजा खटखटाते हैं।

लेकिन खास बात यह है कि रचना के प्रवाह में कोई कमी नहीं... कविताएँ, कहानियाँ, उपन्यास उस प्रवाह में एक-दूसरे से आगे निकल जाने की होड़ में जुटे हुए हैं और मजेदार बात तो यह है कि उन्हें किसी नाम की दरकार नहीं है, न उनकी कोई माँग है। जैसे नयी कहानी आन्दोलन के बाद समान्तर कहानी, अ-कहानी के नये-नये प्रवक्ता उठ खड़े हुए थे।

मतलब यह कि रचना किसी संगठित प्रयास से रोज-रोज दूर होती जा रही है। लेकिन वह बोल भी रही है, बयान भी दे रही है....

हम प्रतिगामी नहीं हैं...

हम एक निष्करण से स्वत: दूर हैं।

तो क्या आप प्रकृतिवादी हैं?...

नहीं, यह हमारी रचना का लोकतन्त्र है।

यह क्या होता है?

यह समयबद्ध नहीं होता। यह समय सन्दर्भित तो होता है लेकिन बद्ध नहीं होता।

फिर अन्याय, अनाचार, भूख और गरीबी का क्या होगा?

प्रतिरोध होगा। इसी लोकतन्त्र से प्रतिरोध उठेगा। रचना तो लड़ना जानती है। सारे दाँव-पेंच में माहिर हैं। लड़ती रही है और लड़ती रहेगी।

कृपया फिजूल बातें न बढ़ाइये। खुद आँखें खोलकर चलिये। रास्ते को सहज और सतर्क दृष्टि से देखिये तो बात समझ में आ जायेगी।

अब रही कथा के इस अंक की बात, तो हमारे प्रयत्नों के आयाम पर आप ध्यान जरूर देंगे। हम इस अंक की तह में बहुत दूर तक आये-गये हैं—साहित्य की मुख्य धारा से भी जुड़े रहने का सन्दर्भ हमारे मन में सदा बना रहा है।

मित्रों ने जो सहयोग दिया है, उसे भुलाया नहीं जा सकता।

निवेदन है कि अपनी प्रतिक्रिया आप पत्र द्वारा देंगे। पत्र साहित्य की एक अत्यन्त संवेदनशील विधा है। इसके द्वारा दूरगामी राह को छोटा किया जा सकता है, पलटकर देखा जा सकता है।

'कथा' अंक-१२ की सम्पादकीय

साहित्यिक पत्रकारिता का दायित्व

'कथा' का नया अंक आपको विदर्भ के किसानों के पास ले जा रहा है। वहाँ वे आत्महत्याएँ कर रहे हैं। जरूरी है कि हम उनके बारे में जानें।

किसान ही हमारी संस्कृति और परम्परा के मूल-स्रोत हैं। वे ही हमारे जीवन-सन्दर्भों और सामाजिक परिवेश के निर्माता भी हैं। मध्यवर्ग तो विदेशी प्रभाव में अप-संस्कृति और भूमण्डलीकरण की चपेट में बेहाल है और धीरे-धीरे अपनी अस्मिता और पहचान से विच्छिन्न होता जा रहा है। जाति-धर्म के झूठे भुलावे में डालकर हमारे नेता उन्हें बर्बादी के कगार पर ले जा रहे हैं—उनके हित के लिए नहीं, बल्कि स्वयं के लाभ की चिन्ता उन्हें चारों ओर से घेरे हुए है।

ऐसे में सृजनशीलता की राह पर धुँधलका छा जाना स्वाभाविक है। नया लेखक जो अपने समय के सन्दर्भों और बदलती संवेदनाओं द्वारा अपने परिवेश में नये 'टाइप' चरित्रों को पकड़कर अपनी पहचान बनाता है, आज शायद अभूतपूर्व संकट में है।

'कथा' आज की स्थितियों की सच्चाइयों को उजागर करने के लिए ही सम्पादित होती है और देर-देर से प्रकाशित होने पर भी पाठक उसे हमेशा अपने साथ पाते हैं। हमें पत्र लिखकर बताते भी रहते हैं।

'कथा' कला और साहित्य की पुरानी और नयी धारा को हमेशा जोड़ती है। वह जायसी पर विशिष्ट अध्ययन छापने के साथ ही 'दृष्टिगत' नाम के एक स्तम्भ में हिन्दी-उर्दू के अनेक लेखकों पर समालोचनाएँ छापती रही है।

अपनी इसी सोच के साथ एक बार फिर हम आपके सामने हैं। इस अंक को पढ़ें और हमें बतायें। आपकी सलाह का स्वागत है।

'कथा' अंक-१३ की सम्पादकीय

साहित्य और विदर्भ के किसान

किसी भी पत्रिका की आन्तरिक संरचना के बारे में कोई सुनिश्चितता प्राय: नहीं होती और पाठक उसमें कहानी, कविता जहाँ छुपी हुई होती है उसे पढ़ता चला जाता है, लेकिन 'कथा' का रूप कुछ दूसरा ही है। जो विज्ञ पाठक उसे जानते हैं पत्रिका हाथ में लेते ही उन विशेष स्तम्भों को खोजने लगते हैं, जिनके बारे में उनकी ज्यादा अभिरुचि होती है। लेकिन इस बार एक सज्जन ने कुछ अजीब तरह की बातें उठायीं।

उन्होंने लिखा कि 'दृष्टिगत' तक तो बात समझ में आती थी। किसी लेखक का विशेष अध्ययन किया जाता था और वह सचमुच प्रशंसा के योग्य हुआ करता था। लेकिन यह पूर्व सम्पादकीय तो एक अजीब सोच का नमूना है। कभी 'जायसी', कभी 'सर सैय्यद अहमद खाँ'। इसी बीच दिखायी पड़ता है 'विदर्भ के किसानों की आत्महत्या'। एक साहित्यिक पत्रिका में किसानों की आत्महत्या घुसेड़ना कहाँ तक वाजिब है। शायद उन्हें लगता है कि साहित्य में सामाजिक सन्दर्भों को इस तरह घुसेड़ना, उसे भ्रष्ट करना है।

यही कारण है कि दो शब्द लिखने के बजाय इतने विस्तार से उसकी बात करनी पड़ी। मुट्ठी-भर खाते-पीते लोगों के बीच बाजारवाद की बात उठाना और नये साहित्यकारों की बात करना छोड़कर ऐसे प्रसंग उठाना समझ में नहीं आता है। आज देश सूखे की चपेट में है। लगता है इसके कारण सारा देश विपत्ति में फँस जायेगा। निरन्तर बढ़ती हुई महँगाई आगे आनेवाले दिनों के लिए भयंकर संकेत है।

और चलते-चलते आपसे यही कहना चाहता हूँ कि एक बार मुड़कर अपनी परम्परा पर भी ध्यान दें।

स्वतन्त्रता के इतने दिनों बाद भी सामन्तवाद सारे संस्थागत परिवर्तनों को रोककर पहाड़ की तरह खड़ा है। भूमि-सुधार का सपना आज तक पूरा नहीं हुआ। जातिवाद दिन-पर-दिन बढ़ता ही जा रहा है। अब तो लोग दिन-पर-दिन उसका साथ देकर लोकतन्त्र को जातिवाद का औजार बना चुके हैं। हम थोड़ी और

गहराई से देखें तो अब वे हमारे देश की राजनीति में अगुआ की भूमिका अदा कर रहे हैं।

मुझे कहना है रचनाकार को सब-कुछ समझना है। आगे और पीछे दोनों को भलीभाँति समझे बिना वह कृतियों का निर्माण नहीं कर सकता। 'कथा' में हम सदा उसके लिए वह जमीन तैयार करते रहते हैं। अब तो कहा भी जाने लगा है कि 'कथा' अकेली पत्रिका है जो भारतीय रचनाशीलता की सम्पूर्णता के लिए कठिन परिवर्तनों की घोर हामी है।

फिर भी निःसंकोच आप अपने विचार लिखें। 'कथा' में हम आपके विचारों को यथेष्ट स्थान देंगे। हमें उनका इन्तजार रहेगा।

'कथा' अंक-१४ की सम्पादकीय

•

३

लोककला और लोकसाहित्य

लोककला और उत्पादन की शक्तियाँ

लोककला की व्याख्या करते समय साधारणतः इतना तो सोचा ही जाता है कि वह समस्त कला जो 'लोक' द्वारा निर्मित होती है, इसके अन्तर्गत आ सकती है। अपने देश की प्रचारित भावानुभूति में इस 'लोक' शब्द के प्रयोग में अधिक व्यापकता है। यदि ध्यान से देखा जाये तो लोक-निन्दा, लोक-लज्जा, लोक-सम्मान इत्यादि शब्दों का प्रयोग करते समय हमारे मन में समस्त मानव-समाज के द्वारा होनेवाली निन्दा, लज्जा और सम्मान का चित्र रहता है। ऐसी अवस्था में 'लोक' शब्द की व्यापकता के अनुसार लोक-कला का तात्पर्य वह समस्त कला है जो मनुष्य के द्वारा निर्मित होती रही है या होती रहेगी। लेकिन जब हम लोक-संगीत, लोक-नृत्य, लोक-संस्कृति इत्यादि शब्दों का प्रयोग करते हैं तो इसका कुछ दूसरा ही अर्थ निकलता है। स्पष्टतः 'लोक' शब्द को हम अंग्रेजी के 'फोक' शब्द के अर्थ में लेते हैं, जिसका भावानुगत अर्थ असल में जन-समुदाय के उस अंग से सम्बद्ध हो जाता है, जो नागरिक संस्कृति से कुछ दूर हो। 'प्रत्येक देश की संस्कृति तथा साहित्यिक परम्परा के दो भाग होते हैं— ग्रामीण-परम्परा तथा नागरिक परम्परा। इन दोनों का सम्बन्ध ऐसा समझिये जैसे दूध और उसके ऊपर की मलाई।'[1]

'लोक' या 'फोक' शब्द की आधुनिक व्याख्या में धीरेन्द्र जी का मत चाहे मान्य हो पर आदिम कला की सभ्यता के मानवीय स्तर में इस प्रकार का कोई भी विभेद नहीं दिखता। समस्त मानव-प्रकृति की एकरूपता ही आदिम मानवीय मूलप्रवृत्ति थी। एक-से कार्य, एक-सी संवेदनाएँ, एक-सी चेष्टाएँ, विशेषतः 'लोक' शब्द की आदिम मर्यादा का ही फल है कि आज भी उसकी व्यापकता का बोध शेष रह गया है। लेकिन सभ्यता और संस्कृति के विकास के कारण आदिम मानवता में एक ऐसा वर्ग बनता गया जो 'लोक' या 'फोक' से अपने को अलग समझने लगा। वैसे लोक-गीत जर्मन के (volkslied) का अपभ्रंश माना जाता है जिससे भी जनता के समग्र

सौन्दर्यमूलक भावों का प्रतिपादन होता है। यहाँ भी 'लोक' शब्द का प्रयोग जनता की समग्रता का ही सूचक है।

ध्यानपूर्वक देखने से इस 'लोक' शब्द की वर्तमान अर्थगत परम्परा का उदय स्थान यही ठहरेगा। सम्भवत: यहीं से उसका क्षेत्र सीमित हो गया। यदि ध्यानपूर्वक देखा जाय तो रस विकास-काल में परिश्रमशील जनता के लिए, जिन्हें विद्वानों ने पिछड़ी हुई, मूर्ख और असभ्य कहा है, उन्हें 'फोक' या 'लोक' संज्ञा दी गयी। दुनिया के अनेक देशों की श्रमिक जनता का इतिहास देखकर इस बात की कुछ और पुष्टि हो जाती है। हिन्दुस्तान में श्रमिक जनता को ज्ञानार्जन और पठन-पाठन से दूर रखा गया। 'शूप्त' को 'क्षूप्त' बताकर उसके लिए अलग से सामाजिक नियम गढ़े गये, जिसमें उसे साधारण अपराध में भी भयानक दण्ड की व्यवस्था की गयी। ग्रीस का विश्वविख्यात दार्शनिक अरस्तू तक गुलामी को स्वाभाविक बतलाता था। रोम में 'सर्फ' की दुर्दशा का इतिहास पाठकों से छिपा नहीं है।

लोक और उसकी कला की प्रस्तुत व्याख्या का समाज में व्यक्तिगत पूँजी के उदय से सम्बन्ध है। इस प्रकार इन दो विभिन्न वर्गों और उनके स्वाभाविक संघर्ष ही के कारण 'कला की प्रतिभा को चन्द लोगों में सीमित किया गया और बड़े पैमाने पर जनता की कलात्मक भावना को दबाया गया।'[२] यह संघर्ष चाहे बाह्य रूप से उतना उग्र न रहा हो पर उन लोगों द्वारा जो अपनी भौतिक चेतना द्वारा या बौद्धिक विकास में साधारण जन-समुदाय से आगे थे, ऐसे अनेक उपायों का उपकरण किया गया जिससे साधारण जनता को कार्य-विभाजन की सीमाओं को लाँघने का अवसर न मिले। इस संघर्षकालीन जनचेतना द्वारा उद्‌बुद्ध कला ही वास्तविक रूप से लोक-कला की सीमाओं में आती है। 'श्रमिक वर्ग के लिए कला का निर्माण एक विशेष अर्जित गुण के रूप में हमारे सम्मुख उपस्थित हुआ। क्योंकि, श्रमिक वर्ग की चेतना का उदय करनेवाले पूर्वजों की पूजा के समय गाया जानेवाला साहित्य है।'[३]

शारीरिक परिश्रम के अलावा भी आदि मानव की अनेक समस्याएँ थीं। प्रकृति ने बाह्य तथा आन्तरिक रूप-विधानों में अनेक ऐसी विस्मयजनक वस्तुएँ बनायी हैं जिनका कोई ज्ञानात्मक साक्षात्कार उनसे नहीं था। इसलिए उनके सामने प्राथमिक संघर्ष तो यही था कि वे प्रकृतिजन्य बाधाओं पर विजय प्राप्त करें। पहाड़ों, जंगलों तथा अँधेरी खौफनाक गुफाओं के अतिरिक्त वर्षारम्भ के काले-कजरारे मेघ तथा बादलों का घर्षण भी उनके सम्मुख एक आसन्न विपत्ति के रूप में उपस्थित होता रहा होगा। इन बाधाओं का मुकाबला भी उन्होंने जरूर किया था और वह भी सामूहिक रूप में। प्राचीन धर्मगाथाओं में जो सूर्य-पूजन या अनेक प्रकार का ऐसा अभ्यर्थना-साहित्य मिलता है, उसका मूल श्रोत यही भय ही माना जाना चाहिए।

'आदिम मानव का अध्यात्म-जीवन चिन्ता और आशंका की तथा मौन-प्रेरणा अथवा काम-चेष्टाओं का जीवन है।'[४]

वैदिक साहित्य की ओर दृष्टि डालने पर हमें इस धारणा की पुष्टि के लिए पर्याप्त मसाला मिल जायेगा। यदि वेदों को धर्मगाथा मान लिया जाय, जिस पर बड़े मतभेद हैं तो आदिमानव की प्रारम्भिक संवेदनाओं का एक रूप सामने आता है।

कृषि कर्म को प्रारम्भ करता हुआ वेदकालीन किसान कहता है—

'यत् ते भूमे विश्वनामि क्षिप्तं तदापि रोहतु।
मा ते मर्म विमितवरि मा ते हृदयमपिम्पम्।।'

'हे भूमि! मैं तुझे जहाँ से खोदूँ वहाँ शीघ्र ही हरा-भरा हो जाय। मैं तुम्हारे मर्म पर अघात न करूँ, मैं तुम्हारे हृदय को व्यथित न करूँ, इसी प्रकार—

'माता भूमि: पुत्रोऽहं पृथिव्या:'। (अथर्व, १२।१।११)
'यह भूमि मेरी माता है। मैं पृथ्वी का पुत्र हूँ।'

इस व्याख्या में आंशिक सत्य तो जरूर है, क्योंकि सोमरस का सामाजिक महत्त्व इतना महान् माना गया है कि उसके उपार्जन के लिए किये गये श्रम के दरम्यान मानव-आह्लाद तथा श्रम की एक कल्पना की जा सकती है। इस कल्पना में आदि-संगीत का सन्निहित होना विशेष संशयकारी नहीं है।

नृत्य की उत्पत्ति पर तो आदिम मानव की श्रम-साधना का स्पष्ट प्रभाव अब भी देखा जा सकता है। देहातों के धोबी, कहार और अहीर इत्यादि जातियों के नृत्यों में श्रम-साधना के लक्षण अब भी अवशेष मिलते हैं। उन पर उनके पेशों का भी स्पष्ट प्रभाव है। धोबी के नृत्यगीतों में कपड़े धोने की बात या घाट पर जाने इत्यादि की स्पष्ट छाप मिलती है। नृत्य पर 'विशेष समुदाय के पेशों का पर्याप्त प्रभाव था। शिकार करनेवाली जातियाँ उस प्रकार के विशेष नृत्य करती थीं जिसमें शिकार के पकड़े जाने की नकल हो। खेतिहर समुदाय के नृत्यों में कटाई, बोआई, रोपाई आदि के चित्र मिलते हैं। जिस प्रकार आदिमानव के नृत्य का जीवन में एक विशेष महत्त्व था। हाँ, इतना जरूरी है कि उनका सारा-का-सारा नृत्यशास्त्र उनके उत्पादन से समन्वित था। इसी प्रकार उनकी खुदाई, चित्रकला और शिल्पकला भी इसी भावना से भरी थी।'[५]

वे अपनी कला में इतने प्रवीण थे कि नुकीले औजारों का इतना उच्च कोटि का निर्माण खेतिहर युग में भी नहीं हो सका। स्कीमों समुदाय की भी यही विशेषता थी। अफ्रीका के विभिन्न समुदायों में भी इस प्रकार की विशेषताएँ पायी जाती हैं। उनके यहाँ के साधारण उपकरणों द्वारा कला के उच्चतर माध्यमों की सुरुचिपूर्ण उपस्थिति के अनेक उदाहरण मिले हैं। उनकी चित्रकला में कीड़े-मकोड़े भी बड़ी कुशलता से चित्रित किये गये हैं।

इस प्रकार कला की उत्पत्ति की सार्वदेशिक सूचना के आधार पर यह निश्चित-सा हो जाता है कि कला का मूल स्रोत मानवीय श्रमिक संस्कृति ही है। हाँ, इतना आवश्यक है कि इस कला में स्थान-स्थान पर प्रकृति-भीरुता और वर्णन की अस्वच्छता भरी पड़ी है। सम्भवत: इसका कारण भी मानव की निरन्तर संघर्षशील प्रवृत्तियाँ ही हों। कला या सौन्दर्य की उपासना में शक्ति या साहित्य की अभिरुचि का निर्माण प्रकृति-भीरुता से सम्भव भी नहीं है।

'प्रकृति के ऊपर मनुष्य की दक्षता जितनी ही अधिक होती है, सौन्दर्य की प्रतीति भी उनके अन्दर उतनी ही होती है। जिस समय पर्वतमालाएँ मनुष्य के लिए एक दुर्गम बाधा के रूप में थीं, उस समय पर्वतीय दृश्य मन में भय और आशंका की भावना का उदय करता था। चित्रकला और साहित्य में दृश्य-चित्रों का इतिहास इस वक्तव्य को प्रमाणित करता है।'[६]

कला का विकास मानव के विकास के साथ उत्तरोत्तर परिष्कृत होता गया पर इसके साथ एक प्रश्न और सामने आता गया कि क्या लोककला की परिभाषा को जिसके आधार पर इसका उदय आदिकाल के मानव से माना जाता है, मान लिया जाय। यदि हाँ तो कला के रूप-निर्धारण का एक बड़ा ही जटिल प्रश्न उपस्थित हो जाता है। आदि बोधन ही उसका मुख्य कार्य है।'[७]

लोक-प्रवृत्तियों की परम्परा का निरीक्षण करने पर पता चलता है कि इसके समस्त तत्त्व श्रमिक जीवन की विभिन्न अनुभूतियों से भरे पड़े हैं। पहली बार जब आदिमानव ने शिकार की खोज में दौड़ लगायी होगी, पत्थर के एक पैने टुकड़े का निर्माण किया होगा या वृक्ष के कई पत्तों को जोड़ लिया होगा तो वही उसकी कला का प्रारम्भ माना जाना चाहिए। पेरी के शब्दों में 'आदिमानव का उल्लास में लिया गया विकृत अलाप ही आदिसंगीत है।' यह तो एक साधारण-सी मान्यता है। लोककला के उदय पर तो विद्वानों में बड़ा मतभेद है। इतना अवश्य है कि उनकी सम्पत्तियों के सार को दो मुख्य धाराओं में बाँटा जा सकता है।

कुछ लोगों का कहना है कि लोक-कला का उदय आदि मानव के श्रम का प्रतिफल है। दूसरे शब्दों में उत्पादन ही आदिकला का जन्म-स्थान है।

कुछ लोग इसे भ्रामक बताते हुए कहते हैं कि उत्पादन ने कला को अभिवृद्धि तो दी पर उसके उदय में इसका वैसा हाथ नहीं था। इनका कहना है कि शान्ति और व्यवस्था में कला का जन्म हुआ या यों कहें कि कला स्वत: मानव में फूट पड़ी या जंगलों में फिरते हाथ लग गयी।[८]

'लय, संगीत और कविता आदिमानव के श्रम से पैदा हुई। शारीरिक परिश्रम उस दशा में आसान हो उठता था जब कार्य एक लय के साथ किया जाता था। हाथ

से सामूहिक रूप से काम करते समय शक्ति का एक संगृहीत रूप उपस्थित करने के लिए उसे एक लय से बाँधना जरूरी हो जाता था और इस प्रकार मांसपेशियों के कार्य में जब अधिकतम शक्ति लगने लगती थी तो अपने-आप एक स्वर फूट पड़ता था। इन स्वरों पर आदिमानव ने शब्दों का पर्दा चढ़ा दिया और संगीत बन गया। इसके अतिरिक्त औजारों का धातुओं से लगना और उनसे स्वर का निकलना भी उनके लिए प्रेरणा का कारण बना। इसी तरह बहुत-से औजार भी वाद्य-यन्त्रों में परिणित हो गये'[९] जिस प्रकार सारा-का-सारा वैदिक साहित्य जीवन की जागृत प्रेरणाओं से भरा है। आदिम मानव का प्रकृति से संघर्ष और उससे उद्भूत स्फूर्ति का जगह-जगह चित्रण मिलता है। इस दृष्टि से वेद का यह वाक्य बड़ा ही मनोहारी है—

'न ऋते श्रान्तस्य सख्याय देवा:।'[१०]

'बिना स्वयं परिश्रम किये देवों की मैत्री प्राप्त नहीं होती।'

वैदिक साहित्य की विवेचना के लिए यह स्थान नहीं है। यहाँ तो इतना ही अभीष्ट है कि इन धर्मगाथाओं का उदय भी श्रमिक जनता की मानसिक परेशानी और सामाजिक संघर्ष से ही हुआ है।

तत्कालीन नृत्य या चित्रकला में भी हमें पेशे की प्रधानता ही लक्षित होती है। अपने कामों में लगी हुई जनता कला को कला समझकर नहीं बल्कि अपने पेशे का ही एक माध्यम या सुलझाव समझकर स्वीकार करती है। 'उत्तरी-पश्चिमी आस्ट्रेलिया में बरसात की बड़ी आवश्यकता रहती थी। आदिम काल में इसके लिए वहाँ के लोग एक जादू के पत्थर का टुकड़ा बहुत-से टुकड़ों पर रखकर तब तक नाचते थे जब तक कि बेहोश नहीं हो जाते थे। उनकी नृत्य-मुद्राओं में बिजली का चमकना, बादल का गरजना इत्यादि लक्षित होते थे। उनके बहुत ऊँचाई तक कूद-कूदकर नाचने का अभिप्राय केवल मात्र इतना ही था कि वे जितना ही उछलेंगे उनके पौधों के डण्ठल उतने ही लम्बे होंगे। इसके अलावा वे अपने मुँह से प्राय: वैसे ही शब्द करते थे जिस तरह से जानवरों का वे शिकार किया करते थे।'[११]

इसी प्रकार की एक व्याख्या भारतीय आदि संगीत के बारें में भी मिलती है। सामवेद ही आदि संगीत का मूल स्रोत माना जाता है। साम गाने के लयों के नाम क्रुष्ट, प्रथमा, चतुर्थी, मन्द और अतिस्वार्थ है। उनके तीन वाद्य थे दुन्दुभि, वीणा और वेणु। सामवेद ही का उपवेद गन्धर्ववेद या गान्धर्ववेद है जिससे सोलह हजार राग-रागिनियाँ निकलीं।'[१२]

उस वेद में सोमरस तथा सोमलता के कतिपय महिमा गान हैं। सोमरस बनाये जाने की एक व्यापक प्रणाली थी जिसमें तत्कालीन मानव-मन की तन्मयता और श्रम

का उपयोग होता था। क्योंकि सोमरस उस काल का बड़ा ही प्रिय और प्रशंसनीय पेय पदार्थ था। इससे बल, विद्या, बुद्धि इत्यादि की अभिवृद्धि का भी उल्लेख मिलता है। इस पर भी बड़ा साहित्य है। यहाँ स्ट्रेग वेने महोदय का यह मत देखिये—यह समस्त साहित्य 'सोमरस' बनाये जाने तथा चन्द्रलोक में निवास मानव के कार्यों का विवेचन करते समय विद्वानों ने उनके समस्त क्रियाकलाप को कला के अन्दर ले लिया है, जिसमें एक-सी प्रवृत्ति और एक-सी चेष्टाओं का दर्शन होता है। इतना ही नहीं एक ही आदमी की सौन्दर्यमूलक दृष्टि कतिपय लोगों की-सी जान पड़ती है। इस प्रकार कला वस्तु और उपयोगी वस्तु की निर्माण की कोटियों को अलग करना भी मुश्किल हो जाता है। मानसिक और शारीरिक श्रम की बात तो दूर रही, एक आदमी द्वारा इन दोनों प्रकार के कार्यों का संचालन होता रहा। सम्भवत: इसीलिए उपयोगी वस्तुओं का निर्माण दिन-पर-दिन महत्त्वपूर्ण स्थान प्राप्त करता गया और कला को मानसिक वृत्तियों का खिलवाड़ बनाकर एक हीन स्थान देने की चेष्टा की गयी। लेकिन यह लोगों का भ्रम था। बहुधा कलात्मक वस्तुओं के निर्माण में दोनों प्रकार के श्रम का एक सामंजस्य जरूरी था। सम्भवत: मार्क्स ने ठीक पहचाना था। इसीलिए कि सामाजिक उपयोगिता बताते हुए उन्होंने लिखा 'कमोडिटी हमारे बाहर की वह वस्तु है जो मानवीय आवश्यकताओं की पूर्ति करती है। चाहे वह पेट से पैदा हुई हो, चाहे भावनाओं से।'[१३]

इस विवेचन के आधार पर आदिमानव की कला को ही यदि लोककला मान लें तो फिर उसके आगे की 'लोक' व्याख्या का कोई भी रूप स्पष्ट नहीं हो पाता। क्योंकि लोक-कला का वह व्यापक अर्थ जो हमें आदिम कला में मिलता है— वह एकरूपीय और एकांगी है। वह अर्थ मानव का श्रम तो है पर उद्बोधन की वह क्षमता नहीं है जो जनता के जीवन को उत्प्राणित करती है, उसकी विविधता, उसका संघर्ष चित्रित करती है।

यहाँ यह भी कह देना अनुचित नहीं होगा कि यद्यपि आदिममानव की चेतना के अनेक प्रभाव जैसे प्रेतपूजा, पिडिया के गीत और प्रथाएँ इत्यादि पहले से मौजूद थे लेकिन लोककला का उदय तो वहाँ से होता है, जहाँ से वर्गों का निर्माण होने लगा था। इस तरह यह साफ हो जाता है कि 'आदिम मानव की कला' और 'लोककला' सामाजिक प्रगति की दो विभिन्न सीढ़ियों पर उदित हुईं जहाँ समाज के अन्तर्भूत विभिन्न वर्गों के सम्बन्ध भी बहुत विभिन्न हो चुके थे।[१४]

उपलब्ध लोककलाओं के विवेचन के आधार पर यह अत्यन्त स्पष्ट हो जाता है कि इनमें जीवन की उत्पन्न बाधाओं तथा विपत्तियों का बड़ा ही गहरा और मार्मिक विवेचन है। इन परिस्थितियों को यदि देखा जाये तो यह स्पष्ट हो जाता है कि उनका

उदय संवर्गीय समाज में ही हो सकता था जिसके प्रति गम्भीर आक्रोश की भावना लोक़कला के विभिन्न माध्यमों में परिलक्षित होती है। जहाँ आक्रोश नहीं होगा वहाँ जन–जीवन की दैनिक बातों को कला का माध्यम बनाया गया है। इस तरह हम लोककला को संवर्ग समाज की कसौटी के रूप में स्वीकार कर सकते हैं।

सन्दर्भ

१. दे. ज. धीरेन्द्र वर्मा, 'ब्रजलोक-साहित्य का अध्ययन' का परिचय
२. दे. कार्लं मार्क्स और फ्रेडरिक ऐन्जिल्स, 'लिटरेचर एण्ड आर्ट', पृ. ७४
३. दे. स्ट्रेगे वेदे
४. दे. १९४३ दे 'इण्डियन हिस्टारिकल क्वार्टरली' में प्रकाशित विनय कुमार सरकार का लेख 'ए स्टडी ऑफ मेयर्स ट्रिलाजी ऑफ वेजीवेशन एण्ड फेस्टिवल्स'
५. दे. अरनेस्ट ग्रास 'दी बिगिनिंग ऑफ आर्ट', पृ. २३१
६. दे. सोवियत विश्वकोश, 'सौन्दर्यशास्त्र' निबन्ध
७. दे. लुइस हैरप 'सोशल रूट्स ऑफ दी आर्ट' ९. ११२
८. फ्रैंक ब्यायस महोदय का कहना है कि साहित्य, संगीत और कला आदिम युग में सार्वदेशिक रूप से पायी जाती थी। इनके अनुसार कला के लिए शान्ति और सुव्यवस्था की आवश्यकता होती है। कृषि तथा अन्य समुदायों में खाद्य–सामग्री इकट्ठी करने का एक समय होता था। बाकी समय में लोग कलात्मक वस्तुओं का निर्माण करते थे।
९. दे. कार्ल बुशर, 'अरबीट एण्ड रीव्मस'
१०. ऋ, ४ ३३, ११।
११. दे. कर्ट सचेस, 'वर्ल्ड हिस्ट्री ऑफ दी डान्स'।
१२. दे. रामगोविन्द त्रिवेदी, 'वैदिक साहित्य', पृ. १०५
१३. दे. कार्ल मार्क्स, कैपिटल, भाग १.
१४. दे. लुइस हैरप, 'सोशल रूट्स ऑफ दी आर्ट, पृ. ११९

लोककला और लोकसाहित्य

कला क्या है? इस प्रश्न का उत्तर अनेक शास्त्रीय मत-मतान्तरों द्वारा अनेकानेक उक्ति वैचित्र्यों और गवेषणाओं से दिया जाता है, वस्तुतः यदि ध्यान से देखा जाय तो कला की वास्तविकता को मानसिक उलझाव द्वारा कुछ इतनी गहरी चीज बनाने की चेष्टा विचारकों ने की है, जो साधारण जन के लिए विस्मयजनक और चौंका देनेवाली हो। यद्यपि यह भी एक कला है, जिसने स्वयं अपनी परिभाषा को इतने उलझाव में डाल दिया है कि उसे साधारण सूझ-बूझ का आदमी अपने पास न देखकर कुछ ऐसी ऊँची वस्तु समझ ले, जिससे उसका सिर कला के प्रति श्रद्धा से नत हो जाय, आत्मीयता से नहीं। निश्चय ही इसमें कला के व्याख्याकारों की अहम्मन्यता छिपी हुई है, जिन्होंने अपनी ऊहा की तृप्ति के लिए कला को ईश्वरीय आत्मानन्द की वस्तु बनाकर उसे सर्वसाधारण से अलग कर दिया। कला की उन तमाम शब्दजाली परिभाषाओं में न जाकर हम यहाँ इतना ही कहना चाहेंगे कि मनुष्य का समस्त व्यापक जीवन, उसकी रचना-शक्ति, उसकी अनुभूतियाँ और व्यवहार सभी से कला का अन्योन्याश्रित सम्बन्ध है। उदाहरणस्वरूप नगरों के बड़े संग्रहालय में संगृहीत चित्र, मूर्तियाँ, पुस्तकें, सड़कों के अगल-बगल बने हुए पार्क, उनमें विभिन्न प्रकार के फलों और झाड़ियों के क्रम तथा किसी महापुरुष की बनी हुई संगमरमर की मूर्ति, विभिन्न प्रकार की मानव आकृतियाँ तथा उनके विभिन्न कपड़े, उनकी सिलाई तथा घरों में लगे हुए चित्र, टेबुल पर रखी हुई पुस्तकें तथा उनकी सजावट के क्रम, सभी में कला का रूप छिपा हुआ है। 'इन पदार्थों की उपस्थिति हमें सूचित करती है कि कला सभ्य आदमी के जीवन का एक भाग है। क्योंकि हम प्रायः उससे या उनमें सन्निहित विचारों से कभी-कभी घिरे रहना चाहते हैं अन्यथा उन्हें यह स्थान प्राप्त होता।'[१]

यहाँ दो प्रश्न स्वतः उठ खड़े होते हैं, जो एक-दूसरे के सामान्यतः पूरक हैं। पहला यह कि क्या कला की उपर्युक्त परिस्थिति लोकजीवन में भी यही है। दूसरा

यह कि वर्सफ़ैल्ड के अनुसार क्या सभ्य आदमी ही इन कलात्मक वस्तुओं से घिरा रहना चाहता है और कभी-कभी उन वस्तुओं के बारे में या अन्तर्निहित विषय के बारे में सोचता है? इस प्रश्न के उत्तर ही में लोक-कला की परिभाषा निहित है। यदि थोड़ा सा ध्यान दिया जाय तो यह बात स्पष्ट हो जायगी कि लोकजीवन में कला का वह उपर्युक्त स्वरूप सामाजिक विकास के उस काल का है, जब उत्पादन की अवस्था उन्नत हो चुकी थी और यह उन्नत उत्पादन क्रिया आम जनता की पहुँच के बाहर हो चुकी थी। और इस काल में श्रम और कलात्मक निर्माण के बीच व्यापार घुस आया था, क्योंकि उन्होंने जो श्रम को खरीदकर उत्पादन और व्यापार करने लगे थे, कला को भी खरीदकर उसे उत्पादन का साधन बना लिया और इस तरह कला भी व्यापारिक हो गयी। इसलिए कला मानव शरीर और मानवमुखी न होकर मशीनमुखी हो उठी। कथा और संगीत के लिए सिनेमा और रेडियो हो गये, ज्ञान और उल्लास का मौखिक और शारीरिक रूप पुस्तकों में संग्रह होने लगा यानी प्रेस अस्तित्व में आ गया। फलत: कलात्मक सामग्रियों के लिए बाजारों की जरूरत उठ खड़ी हुई, जिससे रचयिता और जनता में सम्बन्ध टूट गया। जनता का सम्बन्ध रचना से हो गया और रचनाकार का सम्बन्ध उसके प्रचारक या व्यापारी से, इसके फलस्वरूप कला में तीन बातें विशिष्ट हुईं, पहली—कला उन्हीं के द्वारा निर्मित होने लगी जो उत्पादन के साधनों पर प्रतिष्ठित थे, दूसरी—कला-निर्माता एक व्यक्ति होने लगा जिससे वह आत्मपरक और छपी हुई होने लगी, तीसरी— कला जनता के हाथों से निकल गयी और उसे बनाने-सँवारने का अधिकार भी जनता के अधिकार से जाता रहा।

सभ्य आदमी की कला मध्यवर्ग के विकास के साथ भयानक व्यापारिक मनोवृत्तियों की शिकार होती गयी। 'इस बुर्जवा समाज ने मनुष्य-मनुष्य के बीच आत्मस्वार्थ के अलावा कोई रिश्ता शेष नहीं छोड़ा।'[२] इसलिए अभ्यास, जिसे अंग्रेजी में 'फौक' और हिन्दी में 'लोक' कहा गया, की कला में स्वाभाविक वैपरीत्य आता गया, लोकजीवन में उपर्युक्त प्रकार के कलात्मक स्वरूप न हों ऐसा तो नहीं कहा जा सकता, पर वे हैं नहीं के बराबर, अपने देश में तो इसके उदाहरण यदा-कदा ही मिलेंगे क्योंकि उत्पादन के साधनों का यहाँ उतना केन्द्रीकरण नहीं हुआ है जितना कि पश्चिमी देशों में।

लोककला की वास्तविक व्याख्या, उसकी ऐतिहासिक परम्परा के अप्राप्य होने के कारण अनेक प्रकार की अटकलबाजियों का विषय बन गयी हैं, आदिमानव की भाषा, उसकी दस्तकारियाँ तथा अन्य सामाजिक आमोद-प्रमोद के साधनों के बहुत कम या नहीं के बराबर उद्धरण मिलते हैं। इससे लोक कला के आदि स्वरूप का

एक वास्तविक खाका बनाना मुश्किल हो जाता है। फिर भी इन बिखरे हुए सूत्रों की पकड़ के लिए निम्नांकित तीन बातों से सहायता ली जा सकती है।

सुसंस्कृत और सभ्य राष्ट्रों की उस जनता का जीवन, रीति-रिवाज तथा संगीत-नृत्य आदि का अध्ययन जो नगर से दूर हैं, उदाहरण-स्वरूप भारतवर्ष के गांवों की जनता। यहाँ सम्भवत: यह कह देना अनुचित नहीं होगा कि ब्रिटेन आदि कतिपय पश्चिमीदेशों में लोकजीवन का स्वरूप धीरे-धीरे लुप्तप्राय हो गया है, नगर की संस्कृति ने गाँव के आचार-विचार, उनकी रहन-सहन का आचमन कर लिया है। उसका एकमात्र कारण यही हो सकता है कि वहाँ उत्पादन के साधनों में मशीन का बहुत अधिक हाथ हो गया है जिससे कला के मशीन निर्मित माध्यमों का प्रभाव जनता के जीवन पर छा गया है, लेकिन एक बात का ध्यान रखना जरूरी है कि 'कभी-कभी कलात्मक अभिव्यक्ति इन सामाजिक उन्नत अथवा अवनत दशा का प्रतिबन्ध नहीं मानती। यह अच्छी तरह से ज्ञात है कि कलात्मक उत्कर्ष का कुछ काल आम सामाजिक उत्कर्ष से कोई सम्बन्ध नहीं रखता। न तो उसकी भौतिक परम्पराओं या पिछड़ी हुई संस्थाओं ही से उसका कोई नाश होता है, ग्रीक्स का उदाहरण आज के राष्ट्रों को ध्यान में रखकर लीजिये या शेक्सपियर ही को देखिये।'[३]

उन पिछड़ी हुई असभ्य जातियों का जीवन, उनकी प्रथायें, विश्वास और आमोद-प्रमोद इत्यादि का अध्ययन जो सभ्यता के सम्पर्क में आयी ही नहीं है। जैसे छोटा नागपुर इत्यादि के इलाका में बसनेवाले जंगली लोग या आसाम की पहाड़ियों में निवास करनेवाली विभिन्न जातियाँ, जिनका श्रम आत्मपोषण ही के लिए है। जातियों के श्रम-विभाजन के रूप भी बहुत मामूली हैं। प्राय: वह स्त्री पुरुष के आधार पर ही है, इनके जीवन का अध्ययन हमें लोककला की उन परम्पराओं से परिचित करा देने में सफल होगा जिसे हम आदिमानव की कला कहते हैं और जिसका बहुत गहरा प्रभाव लोककला पर पड़ा है, उदाहरणत: जादू की कला, भूत-प्रेतों की कहानियाँ तथा लोकजीवन पर उनका प्रभाव, उनके नृत्य-संगीत आदि।

लोक-कला तथा लोक-संस्कृति के अध्ययन के लिए निर्मित विभिन्न सिद्धान्त, जिससे उनके जीवन के विकास सम्बन्धी अनेक प्रकार के सामाजिक, राजनीतिक और धार्मिक कारण बनाये गये हैं, विभिन्न ऐतिहासिक खोजों, पुरातत्त्व तथा मूर्तिकला इत्यादि के प्राचीनतम नमूने, विभिन्न देशों के वे प्राचीनतम ग्रन्थ जिनमें सामाजिक जीवन की आदि परम्परा का आभास मिलता है, इस काम को वैज्ञानिक बनाने में सहायता दे सकते हैं। गोमै महोदय की यह स्थापना है कि लोकसाहित्य में इतिहास की वैज्ञानिक परम्परा छिपी हुई है। इसी के अध्ययन से आदिकालीन मानवता का

उचित इतिहास लिखा जा सकता है।[४] वेदों के अध्ययन में भी काफी सामग्री मिल सकती है। लोक-गाथाओं का आदि स्वरूप इन्हीं धर्मगाथाओं में छिपा हुआ है, इसी तरह लोक-कथाओं की प्राचीनतम जानकारी के लिए पंचतन्त्र का अध्ययन कतिपय देशी एवं विदेशी विद्वानों द्वारा किया गया है।

प्रस्तुत सामग्री और विचार-विमर्श को देखते हुए लोक-कला को हम जनता की रचना के नाम से अभिहित कर सकते हैं क्योंकि आदिकालीन मानव की समस्त क्रिया ही कला के क्षेत्र-विस्तार में आ जाती है। श्रम-विभाजन न होने के कारण एक ही व्यक्ति को भौतिक और मानसिक दोनों प्रकार के कलात्मक निर्माण करने पड़ते थे। तीरन्दाज तीर चलाने में ही निपुण होकर अपना काम समाप्त नहीं समझता था, उसे तीर बनाने की कला में प्रवीणता प्राप्त करनी पड़ती थी। आज की तरह शिकारी को केवल अच्छा निशाना लगा लेने ही से फुरसत नहीं मिल जाती थी। इस तरह कलात्मक निर्माण में दैनिक जीवन की आवश्यकताओं ही की प्रधानता थी और इसकी रचना तथा उपभोग में सारे समुदाय का एक सा हाथ था। रचनाकार और उपभोक्ता में कोई भी बिलगाव नहीं था, फल यह हुआ कि इस कला में एकरूपता की प्रधानता होती गयी। यह तो सामाजिक विकास का फल था कि बाद को मानसिक और भौतिक कलात्मक निर्माण की कोटियाँ अलग हुईं, लेकिन इसका अभिप्राय यह नहीं कि कलात्मक निर्माण में भौतिक उपयोग का प्रयोग ही रुक गया। एक नन्हीं-सी टोकरी बनाने की जहाँ सामाजिक उपयोगिता थी, वहीं उसमें नयी बुनाई, और नया रूप देने के लिए मानसिक कलात्मक अभिरुचियों का पुट देना पड़ा। यह अवश्य हुआ कि धीरे-धीरे इन कला-वस्तुओं के बनाने की कला में विशेषीकरण की प्रवृत्ति बढ़ने लगी और समुदायों में खाद्य-सामग्री के दिन-दिन अधिक इकट्ठी होने अथवा खेती के प्रारम्भ होते-होते इनका प्रभाव बहुत बढ़ गया। उसे दो रूपों में देखा जा सकता है। एक तो यह कि प्रचुर खाद्य-सामग्री के इकट्ठी होने पर कलाकार मनोयोगपूर्वक इस काम में लगा। दूसरा यह कि उन लोगों के लिए कलात्मक वस्तुओं का निर्माण होने लगा जो अधिक-से-अधिक खाद्य-सामग्री रखते थे और कलात्मक वस्तुओं को खरीदते थे। एसी हालत में कला की किस्म और गुण पर उनकी विशेष दृष्टि रहती थी जो इसे खरीदते थे।

आदिम मानव की कला में अस्तित्व-रक्षा की ही प्रधानता दिखायी पड़ती है। वह सारे उपक्रम, जिनसे आदिम युग का मानव जीवनयापन करता था, उसकी कला के क्षेत्र में आ जाते हैं, पर लोककला का क्षेत्र इससे अधिक विस्तृत और कुछ समय बाद का है। यदि ध्यानपूर्वक देखा जाय तो लोककला संवर्ग समाज में श्रमशील जनता द्वारा अर्जित कलात्मक अभिव्यक्तियों के रूप में हमारे सामने आती है। समाज

में वर्गों के निर्माण हो जाने पर श्रमिक वर्ग की मूल चेतना ही परिवर्तित हो गयी, क्योंकि श्रमिकों का जीवन-निर्वाह, आचार-व्यवहार, शिक्षा-दीक्षा, सब पर उनकी सामाजिक स्थिति का प्रभाव पड़ा और फलस्वरूप सौन्दर्य के प्रति उनकी दृष्टि भी बदलती गयी। धीरे-धीरे जीवन की सच्चाइयों में सौन्दर्य की यथार्थवादी रुचि तथा अपने शोषकों के प्रति आक्रोश की भावना लोककला का क्षेत्र बनती गयी। यद्यपि इसकी परम्परा में आदिम अन्धविश्वास की कहानियाँ और भूत-प्रेतों के गीत धीरे-धीरे कम होते गये पर उनका पूर्ण ह्रास अब तक भी नहीं हो पाया।

जैसा ऊपर संकेत किया गया है लोकजीवन का समस्त निर्माण लोककला के अन्तर्गत आ जाता है पर लोकमानस की व्यापक अनुभूतियों का प्रचार उनके कुछ ही माध्यमों में प्रस्तुत हो गया है। उदाहरणस्वरूप लोकनृत्य और लोकसाहित्य। वैसे भिन्न-भिन्न कला के रूपों में उत्सवों या शादी-ब्याहों की अल्पना, स्त्रियों के हाथ पर गुदे हुए गोदने इत्यादि भी लोक-मानस की अभिव्यक्तियों में शामिल किये जाते हैं, पर उनका भी परम्परागत स्वरूप नहीं मिल पाता। जहाँ तक उपयोगी कलात्मक वस्तुओं का प्रश्न है उन्होंने श्रम-विभाजन में अलग-अलग रूप ले लिया है जैसे—लुहार, कुम्हार, सुनार इत्यादि जो आज भी देहातों में अपनी पारिवारिक परम्परा से लगे हुए हैं और इनकी कला भावात्मक अभिव्यक्ति न होकर एक पेशा बन गयी है जो उनके जीविकोपार्जन का माध्यम है।

यहाँ यह बात जान लेना जरूरी है कि हमारे देश की समस्त लोक-कला वर्गों से भी नीचे अन्त:वर्गों में विभक्त है। अपनी पारिवारिक परम्परा से एक निश्चित काम में लगी हुई जातियों का एक अलग सौन्दर्यशास्त्र बन गया है। इसी कारण गीत और नृत्य भी हमारे देश में भिन्न-भिन्न जातियों के नाम पर हैं।

इस तरह लोककला को यदि जीवन की भौतिक आवश्यकताओं की पूर्तिवाले वास्तु-निर्माणों से अलग करके देखा जाय तो लोकनृत्य और लोकसाहित्य ही दो ऐसे रूप मिलते हैं, जिनमें लोकमानस की सौन्दर्य दृष्टि पूर्ण कलात्मक रूप में समाहित मिलती है, क्योंकि उपयोगी कला में जैसा हमने ऊपर देखा है, जनता की जीवन-वृत्ति का साधन छिपा हुआ है, जिसका विस्तार उनका समस्त जीवन ही है। लेकिन कला की कोटि ही कुछ दूसरी है। यह प्रतीकात्मक अथवा यथार्थनिष्ठ चित्रण का वह माध्यम है जो किसी वस्तु-विशेष के माध्यम से किसी अन्य भाव का अभास देता है। दूसरे शब्दों में कला भौतिक स्थूलता नहीं, भावात्मक अभिव्यक्ति है। इस तरह से 'यह जीवन और संसार के बीच सच्चाइयों का अप्रत्यक्ष तन्तु है।'[५]

श्रमशील जनता द्वारा श्रमशील जनता के लिए रची जानेवाली कला जो मौखिक या शरीरिक भावाभिनय के माध्यम से उत्पन्न होकर कान या आँख के सहारे दूसरों तक पहुँचती है, इसे ही लोककला के अन्दर ले सकते हैं। सुप्रसिद्ध विद्वान् हीगल वास्तुकला को निम्नतम और काव्य को उच्चतम कला मानता है। सम्भवत: वास्तुकला को इतना नीचा स्थान देने का कारण यही है कि इसमें भावाभिव्यक्ति के लिए भौतिक पदार्थों की सहायता ली जाती है और काव्य में भावों का सूक्ष्म चित्रण ध्वनियों मात्र से हो जाता है। सभ्य समाज के साहित्य में भी इसी प्रकार की भौतिक साधनों की शक्तियों का उपयोग होने लगा है। महाकवि की रचना बढ़िया पेपर पर अच्छी छपायी और रंग-बिरंगे कवर में छपकर ही जनता को नयनाभिराम लगती है पर लोक-कला में इन समस्त भौतिक पदार्थों का कोई उपयोग नहीं होता। ध्वनि और भावों का प्रयोग मानवीय यथार्थ को इतनी गहराई से व्यक्त करता है कि श्रोता या दर्शक अपने जीवन की सच्चाई का प्रत्यक्ष दर्शन उसमें पाने लगते हैं। लोक साहित्य में इस तरह का कोई भौतिक उपक्रम नहीं प्रयुक्त होता। लोक-मानस की सर्वाधिक अभिव्यक्ति के लिए लोक-साहित्य को लोक-कला के प्राण के रूप में स्वीकृत किया जा सकता है।

फॉकलोर शब्द का सर्वप्रथम प्रयोग १८४६ ई० में डबल्यू जे० थाम्सन ने प्रारम्भ किया था। हमारे यहाँ इसको कई संज्ञाएँ दी गयी हैं, जिनमें 'लोकसाहित्य', 'लोकवार्त्ता', 'लोकगीत', 'ग्राम गीत' इत्यादि प्रमुख हैं। फॉकलोर के क्षेत्र-विस्तार को देखते हुए इसे 'लोकसाहित्य' कहना ही उपयुक्त होगा। शार्लट सोफिया बर्न के अनुसार इसके अन्तर्गत परम्परागत विश्वास, रीति-रिवाज, कथाएँ, गीत और असभ्य लोगों के या उन अर्थ-विकसित वर्गों की कहावतें जो किसी विकसित समाज के पीछे रह गये हैं, आ जाती हैं। इसमें आदिमयुग के जंगली विश्वास भी आ जाते हैं जो या तो प्रकृति के प्रति हैं या संसार के या आदमी के स्वभाव या उनके द्वारा बनायी गयी चीजों के प्रति। आत्मा की दुनिया और आदमी का उससे सम्बन्ध, भूत-प्रेतों की कथाएँ, भाग्य, रोग और मौत इत्यादि का भी चित्रण इनमें मिलता है। इनमें विवाह आदि की प्रथाओं, त्योहारों, लड़ाइयों, शिकार, चरवाही तथा मछुआही की भी चर्चा रहती है। मुख्य रूप से इसमें जादू-सम्बन्धी चमत्कारी प्रवृत्तियों से युक्त कथाएँ, गाथाएँ, गीत, मुहावरे और नन्हें बच्चों के गीत होते हैं,[६] लेकिन यहाँ हम लोक-साहित्य को मुख्यत: तीन रूपों ही में लेंगे, लोकगीत, लोकगाथा, और लोककथा। गीतिनाट्य की तरह मिलनेवाली छोटी-छोटी कहानियों को हम लोकगाथाओं के अन्दर ही लेंगे। इस तरह नर्सरी राइम को लोकगीतों के अन्दर ही रखना उचित है।

समस्त लोकसाहित्य की भावाभिव्यक्ति दो प्रकार की है। एक को उत्सवप्रसूत और दूसरी को जातिप्रसूत कहा जा सकता है। इस उत्सवप्रसूत साहित्य में जन-जीवन का सामाजिक उत्साह भरा हुआ है। यदि इन्हें जन-जीवन की विजय के गीत कहा जाय तो अतिशयोक्ति नहीं होगी। ऐसा नहीं है कि इनमें जनता का संघर्ष चित्रित नहीं है, पर उनमें कहीं भी निराशा और अवसाद के चिह्न नहीं मिलेंगे। जातिप्रसूत साहित्य में पेशे की बातों और कठिनाइयों का चित्रण मिलता है। यहाँ यह भी कह देना अनुचित नहीं होगा कि विशेष जातियों के भी विशेष त्योहार होते हैं। इस तरह जाति तथा उत्सव साहित्य का एक-दूसरे से अनन्य सम्बन्ध है।

कुछ विद्वानों का कहना है कि लोकनृत्य मानव की आदिकला है। शब्द तो आदमी ने बाद को सीखे और शारीरिक भावाभिव्यक्ति को धीरे-धीरे ध्वनियों से भरकर उसने संगीत बनाये। पर लोकजीवन और उसकी कला का अध्ययन करने पर पता लगता है कि बाद को चलकर धीरे-धीरे गीतों ने लोकमानस के चित्रण का अधिक हिस्सा ले लिया। आज तो प्राय: नृत्य का भी आधार गीत बन उठा है। शायद ही लोकनृत्यों का कोई हिस्सा होगा जो गीतों के बिना चलता हो। जातिगत नृत्यों में भी नृत्य का प्रारम्भ गीति से होगा, और उन्हीं भावों के संकेत पर शारीरिक चालन होगा, जो गीत में सन्निहित है। इसी तरह त्योहारों के नृत्य में भी गीत की प्रधानता हो उठी है। इतना ही नहीं उपयोगी कला निर्माण में लगे हुए नर-नारियों की भावाभिव्यक्ति के लिए गीत और कहानियाँ बनी हुई हैं, इस तरह लोककला के व्यापक क्षेत्र में लोकसाहित्य का इतना अधिक प्रभाव है कि लोकसाहित्य का अध्ययन ही लोककला का अध्ययन बन उठा है। अध्ययन की सुविधा की दृष्टि से भी अन्य माध्यमों का कोई परम्परागत अवशेष उपलब्ध नहीं है। हाँ लोकमानस में अनादिकाल से मौखिक परम्परा स्वरूप चलते हुए लोकगीत, कथाएँ और लोकगाथाएँ हमें इस ओर कुछ दूर तक पहुँचाने में समर्थ हो पाती हैं। सम्भवत: गाँधी ने इसलिए कहा है, 'लोकगीत' ही जनता की भाषा है।'[७]

लोकसाहित्य ही में लोककला का समस्त सार उपस्थित है। इसी के माध्यम से लोक जीवन की समस्त क्रियाओं का लेखा-जोखा उपस्थित किया जा सकता है, क्योंकि कला के अन्य पक्ष बदली हुई परिस्थितियों में या तो लुप्त हो गये या उनके आधार पर बने भी तो बहुत कम, क्योंकि आम जनता के मनोभावों के आधार पर इस काल में कला का वह व्यापारिक स्वरूप शुरू हो गया; जिसे मिल से थककर लौटा हुआ, मजदूर कमाई की गिनी-गिनायी कौड़ियों के माध्यम से खरीदने लगा और इस तरह आर्थिक घुटन में पिसकर उसकी कलात्मक भावना सोती गयी।

इसलिए लोकसाहित्य को लोककला के प्रतिनिधि रूप में स्वीकार करना चाहिए। मेरा यह अभिप्राय नहीं है कि लोकजीवन की भावाभिव्यक्तियों के अन्य माध्यम नहीं हैं या लोककला के अन्य रूप लोकसाहित्य के पूरक मात्र हैं, या उनका स्वतन्त्र अध्ययन अपेक्षित नहीं है, पर लोकसाहित्य में लोककला तथा लोकजीवन की मुख्य भावाभिव्यक्तियाँ सर्वाधिक और सर्वश्रेष्ठ मात्रा में चित्रित मिलती हैं, जो लोककला के अन्य माध्यमों से भी समाहित हैं। वैसे लोकसाहित्य, लोककला का अंग मात्र है, पर उसके समग्र स्वरूप का प्रतिनिधि है।

सन्दर्भ

१. दे०, डब्ल्यू० वैसिल वर्सफोल्ड, जजमेण्ट इन लिटरेचर, पृ. १।
२. दे० मार्क्स और फ्रेडरिक एन्जिल्स, कम्युनिस्टा मैनिफैस्टो, १२।
३. दे० कार्ल मार्क्स और फ्रेडरिक एन्जिल्स, लिटरेचर ऐण्ड आर्ट।
४. दे० जी० एल० गोमैं, फॉक लोर एज हिस्टारिकल साइन्स।
५. दे० लुइस हैरप, सोशल रूट्स आफ दी आर्ट्स, पृष्ठ १६।
६. दे० शार्लट सोफियावर्न, दी हैण्ड बुक ऑफ लोर, पृष्ठ १।
७. दे० महात्मा गाँधी, भूमिका— दे० स०, धरती गाती है।

लोकगीतों में विद्रोहिणी सीता

आये दिन राम के चरित्र में छिद्रान्वेषण तो होने ही लगा है—विश्वास की पराकाष्ठा भी सीमित हो गयी है क्योंकि युग है बौद्धिक नाप-तोल का; फलतः चारित्रिक विशेषताओं का युगोचित विन्यास होना स्वाभाविक है। 'राम के राज्य में यह बुराई थी, वह बुराई थी, सामाजिक व्यवस्था में दोष था' आदि प्रश्न घर-घर में उठा करते हैं।

मेरा छोटा भाई राजेन्द्र, बहन वीना और इन दोनों की भाभी के लिए तो राम ऐसी दुर्बल मनोवृत्ति का नायक इतिहास में हुआ ही नहीं।

मैंने उन्हें लाख समझाया, राम के शासन की मूलाधार धारणाएँ, शासन-व्यवस्था और समाज-दर्शन पर न जाने कितना लेक्चर पिलाया पर उन्होंने इस पर तनिक भी ध्यान न दिया। क्योंकर देते, जब उन्हें जन-साहित्य और लोक-मनोवृत्ति पर ही विश्वास है। 'इतिहास और धर्मग्रन्थों के आधार, प्रचार और वैयक्तिक मनोसाधना हो सकते हैं पर जनता की मौन विवेचना कभी झूठी नहीं होती।' राजेन्द्र ने सैकड़ों बार दुहराया।

और इस बार जब संयोग से उसने फिर उन्हीं वाक्यों की आवृत्ति की तो वे तीनों साथ थे और सभी ने इसका समर्थन किया और जब मैंने विवाद को गति देने के लिए भूमिका आरम्भ की तो मेरी धर्मपत्नी ने कुछ मुँह फुलाकर और ठुड्डी ऊपर करके कहा, 'रहने भी दो' और फिर होंठों पर तनिक मुस्कान को बिखेरते हुए कहा, 'सारे मर्द ऐसे ही होते हैं।'

मेरी ओर यह स्पष्ट व्यंग्य था पर मुझे जैसे राम और सीता के सारे जीवन का एक आभास उस झिड़की ही में मिल गया। स्त्री क्यों न जले राम से जिसने गर्भिणी सीता को वन-प्रवास के लिए बाध्य किया। मेरे दिमाग में चलचित्र की भाँति राम और सीता के वियोग की घटनाएँ आने लगी थीं। पर राजेन्द्र चुप न रह सका। उसने कहा, 'भाभी तो क्या देवर (उसने अपनी ओर संकेत किया) भी निष्ठुर होते हैं?'

आशा ने उसे गले लगाते हुए कहा, 'नहीं लाला। देवर तो लक्ष्मण भी थे जिनके लिए लोक-साहित्य में बार-बार दुहराया गया है, 'हे हो देवरा लछिमन विपतिया के संगी' और अन्यत्र स्थानों पर उनके प्रति प्रेम, सहानुभूति प्रकट की गयी है। जिसे सुनकर अनायास ही आँखें आँसू बहाने लगती हैं। 'तुम तो लक्ष्मण हो न!' मैंने देखा राजेन्द्र प्रसन्नता से झूम उठा था।

मैंने मिन्नत के स्वर में कहा, 'राजेन्द्र! सुनवा दो न हो एक लोकगीत।' क्योंकि मैं जानता था कि मेरा कहना इस समय बेकार जायेगा और यदि राजेन्द्र एक बार भी कह देगा तो काम बन जायेगा।

उसने एक बार मेरी ओर देखा और फिर जब भाभी की आँखों में आँखें डालीं तो उसे विश्वास की एक झलक मिली। उसने कहा, 'सुना दो भाभी! निर्वासिता सीता के गीत।'

आशा गाने लगी थी,

''अरे रे लछिमन देवरा, विपतिया के नायक!
सीता के देस ना निकालो, इत रावना उरे है।''
'अरे रे भौजी सितलरानी, बड़ी ठकुराइन।
अवा है तोहका नेवतवा, त हम वन चलबै।।''
'ना मोरे नैहर ना मोरे सासुर,
देवरा! ना रे जनक अस बाप, मैं केहिके जइहौं।'
कोछवा से लिहिन सरसइया, छिटत सिता निकसिन।।
सरसौं! यही के अइहौ लछिमन देवरा, ककरिया तोरि खइहैं।
एक वन डाकिन दुसर वन डाकिन, तिसर बिआवन।।
'देवरा एक बुँद पनियाँ पियवतेउ, पियसिया से व्याकुल।'
'बैठहु भौजी चन्दन तरे, चन्दना विरिछ तरे।
भौजी पनियाँ कै खोजि करि आई, त तुमका पियाई।'
बहै लागी जुड़ली बयरिया, कदम जुड़ि छँहियाँ।
सीता भुइयाँ परी कुम्हिलाय, पियसिया से व्याकुल।
तोरेन पतवा कदम कै तै दोनवा बनायेन।
टाँगेन लवगिया के डरिया, लछमन चलेन घर कै।''

गीत समाप्त होते-होते राजेन्द्र की तो हिचकियाँ बँध चुकी थीं और मेरी आँखें भी अनवरत आँसू की धारा बहाने लगी थीं।

साहस नहीं होता था कि कुछ और सुना जाये। ओह! कितनी हृदयग्राही पीड़ा है। कितना क्रूर और असह्य व्यवहार है कि एक गर्भिणी स्त्री को वन भेजा जाय।

हो सकता है कि इन लोकगीतों में सत्यता न हो और वन भेजने का कोई दूसरा कारण रहा हो पर मनुष्य स्वभाव की इस भयानक विकृति को कभी भी न्यायसंगत नहीं कहा जा सकता और बेचारा लक्ष्मण पात के दोने में अयोध्या की रानी के लिए पानी ले जाकर चुपके से पेड़ की डाल में लटका देता है और चला जाता है। कैसे रुक सकता था वह उस भयानक प्रतिगामी सामाजिक व्यवस्था में, भला उसे क्या कहा जाता!

सीता जगती है तो कहती है—

कहवा गये लछिमन देवरा त हमें न बतायहु।
हिरदइयाँ भरि रोवतेउ, नजर भरि देखतिउ।।

चारित्रिक सादगी और महानता की भी कोई सीमा होती है पर सीता ने तो उस हद को भी पार कर लिया है। अपने देवर के लिए कितनी छटपटाहट उसके हृदय में उठ रही है।

आशा को मेरे आँसुओं पर दया तो आ रही थी पर उसकी नारी का आहत अभिमान जैसे मुझे दुःख पहुँचाने में ही सुखी हो रहा था। उसने कहा—'इतने ही में तुम्हारी हालत इतनी बिगड़ गयी!' मैंने ध्यान से देखा तो उसने अपने आँसू पोंछ डाले थे और एक हलकी लाली उसके चेहरे पर दौड़ गयी थी। उसने दूसरा गीत प्रारम्भ किया—

"को मोरे आगे-पीछे बैठइ, को लट छोरई।
को मोरी जागई रइनियाँ, त नरवा छिनावई।।
वन में से निकरी वन देवी, सितहि समुझावई।
सीता हम तोरे आगे-पीछे बैठब, हम लट छोरब।।
हम तोरी जगवई रइनियाँ त नरवा छिनउबै।।
होत विहान लोही लागत, होरिल जनम भये।
सीता लकड़ी के करहु अँजोर, सन्तत मुँह देखहु।"

विरहिणी सीता के करुण क्रन्दन से नियति का भी हृदय पसीज उठता है। वह स्वयं सीता के सम्मुख सेविका के रूप में उपस्थित होती है। वही सीता के नवजात शिशु का नारा काटती है। लट छोड़ती है और रात-दिन जागती है। पर सीता को जैसे अयोध्या का स्मरण शूल-सा चुभता रहता है। कहाँ अयोध्या के नरपति का पुत्र और कहाँ कुश का ओढ़ना और बिछौना। सीता लकड़ी जलाकर तो नवजात शिशु का मुँह देखती है। और, मार्मिक व्यथा से पागल होकर उसके भाग्य पर रो उठती है।

यहाँ जो सबसे महत्त्वपूर्ण बात जानने की है, वह है सीता की उत्कृष्ट चारित्रिक विशेषता। सीता को राम के क्षीण और अमानुषिक आचरण से चिढ़ हो गयी है, जिसे

हम विद्रोहिणी सीता का चरित्र कह सकते हैं। यदि सीता इस समय अपनी इच्छा में सुख भोग को स्थान देती और अयोध्या तथा राम से पुन: सम्बन्ध स्थापित करने पर तुल जाती तो उनके चरित्र की सारी विशेषता मिट जाती पर वे उनसे सम्बन्ध रखने की भावना को अपने से सदैव दूर ही रखती हैं। यही कारण है कि राम के लिए रोचन तक नहीं भेजा जाता।

जो पूत होते अयोध्या में, वही पुरपाटन।
राजा दशरथ पलना लुटौते, कौशल्या रानी अगरन
अरे रे! हकरौ न वन केर नउवा, वेगहि चलि आवहु।
नउवा हमरा रोचन लै जाऊ, अयोध्या पहुँचावहु।
पहिले दिहौ राजा दशरथ, दूसरे कौशल्या रानी।
तीसरे रोचन लछिमन देवरा, पै पियहि न जनायहु।

इतना ही नहीं गीत आगे भी बढ़ता है—

चारिउ खूट कै सगरवा, त राम दतुवन करइ।
भइया महर महर कौ माथ, रोचन कह पायहु।।
भइया केकरे भये, नन्दलाल त जियरा जुड़ायहु।
भौजी त हमरे सितलरानी, बसहि बिआवन।
उनके भये हैं नन्दलाल, जियरा जुड़ायन।।
हाथ कै दतुवनि हाथ रहि, मुँह कै मुँह रही।
ढुरै लागी मोतियन आँसु, पितम्बर पोंछइ।।
'हकरौ न वन के नउवा, वेगि चलि आवहु।
नउवा सीता कै हलिया बतावहु सितै लै आउब।।'
'कुस रे ओढ़न कुस आसन वनफल भोजन।
माहव लकड़ी क किहिन अँजोर सन्तति मुँह देखि ना।।
'अरे रे लछिमन भइया, विपतिया के साथी।
भइया! एक वेर जातउ मधुबनवा सितहि लै अवतेउ।'
अयोध्या से चलि गये, मधुवन पहुँचे।
'भौजी! राम क फिरा है हकार, त तुमका बुलावै।'
''जाहु लछिमन देवरा अयोध्या लौटि, हम नहिं जाबै।
लछिमन अँखिया में पटिया बधावा, अयोध्या जिन दिखावहु।
जौ रे जियहि नन्दलाल, तो उनहीं से बजिहैं।

राम में सत्य पर दृढ़ रहकर सामाजिक व्यवस्था का प्रतिरोध करने की क्षमता नहीं है। उनमें सीता के प्रति मोह है और नवजात शिशु के प्रति वात्सल्य। वे लक्ष्मण

से प्रार्थना करते हैं कि 'जाओ भैया! और सीता को मनाकर वापस कर लाओ।' पर सीता कब आनेवाली। हाँ, उन्हें अपने प्यारे देवर लक्ष्मण से स्नेह है। वे लक्ष्मण से कहती हैं, तुम लौट जाओ लाला! और यदि चाहते ही हो कि मैं तुम्हारी बातों को मानूँ तो मेरी आँख में पट्टी बाँधकर अयोध्या की तरफ पाँच कदम चला लो। मैं अयोध्या को इन आँखों से कैसे देख सकती हूँ। और यदि मेरे बच्चे जीते रहे तो उन्हें अवश्य ही पराजित करेंगे।'

सीता वन ही में रहने लगती हैं। अपने लड़कों की शिक्षा-दीक्षा के साथ-साथ उन्हें शस्त्रास्त्र की भी शिक्षा देती हैं। वे धीरे-धीरे अयोध्या को भूलकर इसी वन में अपने बच्चों के साथ रम जाती हैं।

इधर रामचन्द्र भी धीरे-धीरे अपने हृदय को एक ठिकाने पर लगा लेते हैं। पर जब गुरु वृन्दों की सलाह से यज्ञ करने की सोचते हैं तो सीता की उपस्थिति आवश्यक हो उठती है। राम के हृदय में एक बार फिर सीता की स्मृति शूल-सी गड़ने लगती है। वह गुरु जी के पास जाकर प्रार्थना करने लगते हैं कि जाइये और सीता को मना लाइये। सीता जी जो उत्तर उस समय देती हैं इसे सुनकर किसी भी सहृदय मनुष्य का विचलकर फूट-फूटकर रो उठना स्वाभाविक है।

आशा ने गीत प्रारम्भ किया—

'अरे रे गुरु वशिष्ठ मुनि! पैंया तोरी लागउँ।
गुरु तुम्हरे मनाये सीता अइहै, मनाइ लै आवहु।

गुरु वशिष्ठ रामचन्द्र जी के आग्रह अनुसार वन में पहुँच गये। सीता ने उनकी आवभगत की—

पतवा का दोनवा बनाइन, गंगा जल पानी
सीता धोवै लागीं गुरु जी के पाँव और मथवा चढ़ावैं
"एतनी अकिल सीता तोहरे, तू बुधिया के आगर
सीता किन तुम हरा है गियान, राम बिसरायहु।।"
"सबकै हाल गुरु जानौ, अनजान बनि पूछहु।।
गुरु जी अस कै राम मोहि डाहेन कि कैसे चित मिलिहैं
गुरु जी अगिया में राम मोहि डारेन, लाइ भूमि काढ़ेन
गुरु गरुवे गरभ से निकालेन त कैसे चित मिलिहैं।।"

यह गीत समाप्त करते-करते आशा शिथिल हो उठी थी। उसने अपने हाथों पर अपनी ठुड्डी टेक ली थी पर मैंने कहा, 'इन अन्तिम पंक्तियों को फिर से तो गा दो।'

पर राजेन्द्र ने उसी समय पूछ दिया, 'क्या भाभी फिर रामचन्द्र जी स्वयं मनाने नहीं गये। शायद सीता जी लौट ही आती?'

'वे भी गये लाला!' आशा ने उसका सिर अपनी गोद में खींचकर सहलाते हुए कहा और उन्हें वहाँ जाकर एक ऐसे सत्य का आभास हुआ जो भारतीय नारी की मूल प्रेरणा है। सुनो न।

राम को रास्ते ही में लव और कुश मिले। राम ने उनसे पूछा,

केकर तू पुतवा नतिअवा, केकर तू भतिजवा हो।
लरिकौ कौनी मतरिया के कोखिया, जनमिया जुड़ायहु।।

लड़कों ने उत्तर दिया—

'बाप कै नंउवा न जानो, लखन के भतिजवा।
हम तो राजा जनक के हैं नतिया, सीता के दुलरुवा।।'
एतना वचन राम सुनलेनि सुनहि न पउलेनि।
रामा तरर तरर चुवै अँसुवा, पटुकवनि पोंछहि।।
'रानी छोड़ि देहु जियरा बिरोग, अयोध्या बसावहु।
सीता तोरे बिन जग अँधियार त, जिवन अकारथ।'
सीता अँखिया में भरली विरोग, एकटक देखिन।
सीता धरती में गइली समाय, कुछौ नहि बोलिन।

गीत समाप्त होने पर कई मिनट तक कोई कुछ बोल भी न सका, पर जब मैंने पूछा—'आशा! भला पिता का नाम क्यों नहीं बताया गया था। आशा उग्र हो उठी थी—उसने अप्रसन्नता से उत्तर दिया, 'कहीं ऐसे पिता का नाम बताया जाता है?' मैं सोचने लगा 'भला राम की क्या दशा हुई होगी उस समय जब उन्होंने लड़कों के मुख से पिता का नाम न सुना होगा? कितनी मार्मिक अनुभूति है कि जिसकी सानी विश्व के महानतम काव्यों में भी ढूँढ़ने को नहीं मिल सकती।

भुखिया न लागै पियसिया न लागै

बनारसी लोकगीतों को इकट्ठा करने की मेरी पुरानी लालच थी। सोचता था अवसर मिलते ही रामपुर अपने ननिहाल जाकर इस काम में लग जाऊँगा। एकाएक वीना बहन का पत्र मिला कि वह मामा के यहाँ जा रही है। वह वहाँ पहुँचते ही गीतों के संग्रह में लग जायेगी और आज के बीसवें दिन मेरा वहाँ पहुँचना जरूरी है।

मैं पहुँचा पच्चीसवें दिन यानी उसकी निर्धारित तिथि के पाँच दिन बाद। मैं जानता था कि वह कितनी बेचैनी से मेरी राह देखती होगी और मुझे कितनी झिड़कियाँ सहनी पड़ेंगी। अवस्था में मुझसे छोटी होने पर भी न जाने क्यों वह मेरे ऊपर सदैव अपनी छाया रखना चाहती है। और मुझे भी अब उसके अनुसार ही चलने में सन्तोष मिलता है। पर मैंने स्वप्न में भी नहीं समझा था कि वहाँ कोई एक दूसरा भी है, जिसके दिल की धड़कन उससे भी तेज है क्योंकि जब मैं वहाँ पहुँचा तो मैंने वीना के साथ एक और लड़की को दौड़कर अभिवादन को आते देखा।

वीना तो मुझसे ऐसे उलझ गयी कि दो मिनट तक उसने मुझे मौका ही नहीं दिया पर आशा ने कुछ दूर ही रुककर ऐसी सशंक एवं अलग मुद्रा बनायी कि मुझे उससे कुछ पूछने का साहस ही न हुआ। मैंने थोड़ी ही देर में जान लिया था कि यह एक विश्वविद्यालय की छात्रा है और इनसे कभी आँखें भी चार हो चुकी हैं। अभिप्राय यह कि देखा-देखी हो चुकी है पर मेरी स्वाभाविक उदासीनता और नयी रोशनी के ऊपरी चिकनाव में कृत्रिम संस्कृति से पुती हुई कॉलेजी गुड़ियों का ओछा स्वभाव कत्तई पसन्द नहीं है। इसीलिए कॉलेज से भी मेरा उनसे सम्बन्ध स्थापित होना सम्भव भी नहीं है। शायद वीना ने इससे मेरा स्वभाव बता डाला है।

वीना ने एकाएक पूछा, "क्यों भैया तुम तो यूनिवर्सिटी की लड़कियों को बड़ी उपेक्षा की दृष्टि से देखते हो न।" मैंने देखा उसके वाक्य में स्पष्ट व्यंग्य है।

मैंने देखा आशा मेरे उत्तर के लिए व्यथित हो उठी है।

मैंने कहा, 'तो यह तुमसे किसने बता दिया।'

'अच्छा तो अब छिपाने लगे, हाँ, यह तो बताओ कि यदि कोई ऐसी लड़की मिल जाये जो एकत्र किये गये शुष्क गीतों को ध्वनि दे सके तो...!'

'तुम्हारा मतलब...।'

'यही कि उसे साथ रख सकोगे?' कहकर उसने बड़ी भावभंगिमा पूर्ण सिर हिलाया।

'रहने भी दो, क्या अभी सब पूछ लेना चाहती है, और हाँ, तुमने इनका तो कुछ परिचय ही नहीं दिया।'

'परिचय और तुमसे' कहकर उसने आशा को खींचकर मेरे आगे ला खड़ा किया। पहचान तो लो, क्या तुमने कभी इन्हें देखा ही नहीं।

मैंने देखा आशा के नेत्रों के लाल डोरे जो प्रतीक्षा की कड़ी कमान पर चढ़कर अत्यन्त लाल हो चुके थे। कह रहे थे 'जालिम! तुम क्या जानो प्यार किसे कहते हैं, घूम-घूमकर औरतों के गीत लिखो बस।'

मुझे कुछ मानसिक उत्पीड़न होने लगा। उसके नेत्र नीचे की ओर झुके ही रहे और उनके आँसू के दो बूँद भी आकर अटक गये थे। मेरे हृदय को बड़ा धक्का लगा जैसे कानों में कोई बार-बार कहता हो, 'तुम सहृदय नहीं हो।' तुम पर मैंने अपने को परिस्थिति के अनुकूल ढाल लिया था, कहने लगा 'तो आशा! तुमसे तो बड़ी सहायता मिलेगी मुझे।'

उसने मुस्कराते हुए कहा, 'क्यों नहीं।'
'तो जाओ खा-पीकर तैयार हो लो!'
उसने कहा, 'भूख-प्यास तो लगती ही नहीं'

वीना ने कहा, 'भैया! समझा नहीं तुमने इस संकेत को अच्छा तो सुनो और अत्यन्त करुण स्वर में वह गाने लगी।

भुखिया न लागै पियसिया न लागै
हमरे मोहिया लागै हो
देख के तोहरी सुरतिया
हमरे मोहिया लागै हो।

यह कहारों का गीत यानी कहरवा है। नववधू को डोली मे बैठाकर एक नवीन दुनिया जिसमें न जाने कितने अरमानों, न जाने कितनी आशाओं का स्वप्निल महल होगा। ले जानेवाला कहार कैसी मार्मिक वाणी द्वारा उसके हृदय की अपरोक्ष अनुभूतियों को गा देता है। निश्चय ही डोली में बैठी हुई वधू इन गीतों को मन-ही-मन दुहराती होगी। कितना प्रगाढ़ मोह है कि प्रेमिका जीवन से बाजी लगा देती है

भूख और प्यास नहीं लगती—लगता है मोह, फिर क्यों न विरहिन सूखकर काँटा हो जाय।

प्रेम और विरह-सम्बन्धी अनेक गीत मैंने सुने होंगे। और आजकल तो सिनेमा ने जैसे प्रेम और विरह का ठेका ही ले लिया है पर उस दिन ऐसी मार्मिक अनुभूति मेरे हृदय में कभी जगी ही नहीं।

आग्रह और विग्रह दोनों का कितना मार्मिक स्थल उस समय उपस्थित हो जाता है जब कोई प्रियतम अपनी नव-यौवना-पत्नी के हृदय का अरमान पूरा किये बिना ही परदेश चला जाता है। वह रोती है, बिसूरती है और कहती है—

औह गये सज्जन औह गये
लँघ गये दरिया
असाँ रज्ज गल्लाँ न कीतियाँ
साडे मानो न लत्थड़ाया
'वह गया प्रियतम, वह गया
वह दरिया के उस पार चला गया
न हमने जी भरकर बातें कीं
न हमारे मन का चाव ही पूरा हुआ।'

यह पंजाब की हीर का गीत है। अपने प्रान्त की एक मध्यमवर्गीय युवती का आग्रह-भरा अरमान देखिये! उसने तो जैसे अपनी प्रीति की क्रान्ति-व्यथा में प्रकृति को ही भुला दिया। उसके लिए सेर भर गेहूँ ही बहुत है। प्रणय की आनन्दानुभूति में वह प्रियतम के साथ इतने ही में गुजर कर लेना चाहती है। कैसी व्यापक ममता है—

सेर भर गोहुँवा बरिस दिन खाबै,
पिया के जाये न देबै हो!
रखबै अखियाँ के हुजुरवाँ,
पिया के जाये न देबै हो!

और निष्ठुर प्रियतम जब उसके अरमानों को, उसके कोमल भावों को रुखड़ी बुद्धि के पलरे पर तौलकर पैसे के लिए परदेश चला ही जाता है, तो वह लाचार अबला रेल और जहाज ही को अपनी सवत समझ बैठती है और पैसा जिसके लिए उसका पति उससे अलग हो रहा है उसका वैरी हो जाता है। निश्चय ही यदि उसमें शक्ति होती तो वह रेल और जहाज दोनों को चलने से रोक देती। कहती है—

रेलिया न वैरी जहजिया न वैरी, उहे पइसवा वैरी हो!
देसवा-देसवा भरमावै, उहै वैरी हो!

पुरुब से आयी रेलिया,
पछिम से जहजिया
पिया के लादि ले गयी हो
रेलिया होइ गयी सवतिया
पिया के लादि लेइ गयी हो!

पहाड़ी स्त्री तो अपने पति को बड़ी ज्ञान-भरी कहानी सुना डालती है। इसमें क्या शक कि उसके यौवन की मस्ती क्षणिक है। समय बीता और साथ-साथ उसका यौवन-उन्माद भी कम हो जायेगा! क्यों न, वह अपने पति को रोक ले और जी-भरकर उससे बातें कर ले, आनन्द-विहार कर ले, वह अपने जानेवाले पति की राह रोक लेती है—

जिन जायो विदेसी दिन थोरो
दिन थोरो रे दिन थोरो
थोरो जियन मुख ना मोरो,
जिन जायो विदेसी दिन थोरो
ऊँचे अटा पर पलँग बिछायऊँ
दुवारे बाँध दौ जो घोरो
जिन जायो विदेसी दिन थोरो!
'ओ परदेशी! मत जा दिन थोड़े ही हैं।
दिन बहुत थोड़े है रे
नन्हें-से जीवन में मुख न मोड़ो
ओ परदेशी मत जा दिन थोड़ा ही है।
ऊँची अटारी पर पलँग बिछवा देती हूँ
अपना घोड़ा बाँध दो मेरे द्वार पर
ओ परदेशी मत जाओ दिन थोड़ा ही है!'

वह घर आये हुए प्रेमी को रोकती है, और वह बेचारी जो प्रियतम के मिलने की सम्भावना भी मन में नहीं रखती, देवी-देवताओं का आश्रय लेती है। अतएव देखा जाता है कि अनेक गीत ऐसे हैं, जिनमें देवी-देवताओं से प्रार्थना की जाती है कि वे सैंया को भेज दें, प्रेमी को मिला दें। एक स्त्री गंगा जी से प्रार्थना करती है—

हे हो गंगा मैया तोहे चुनरी चढ़इबै,
सइयाँ से कैइदा मिलनवाँ ना!
'हे गंगा माता तुमको चुनरी चढ़ाऊँगी,
मुझे मेरे प्रियतम से मिला दो!'

पता नहीं वह वियोगिनी है या उसका पति रूठकर इससे दूर रहता है, पर उसका आग्रह तो बड़ा ही मनोहारी है।

आशा ने बताया नहीं वह चिर-वियोगिनी नहीं है, उसका पति रूठा हुआ है। वह चाहती है, वह मान जाये। उसने न जाने कितने देवताओं को मना रखा होगा। मैंने कहा, 'देवता तो मान गये पर पति देवता माने तब न!' और हम तीनों एक साथ हँसने लगे।

मैंने देखा कि आये थे हरिभजन को ओटन लगे कपास। आज बारहवाँ दिन बीत रहा है पर बनारसी गीतों की कौन कहे आशा का वियोग-गीत ही सुनते-सुनते मैं नहीं अघाता।

उसकी दर्दनाक अनुभूति से निस्सरित यह गाने जैसे पत्थर को भी घायल करने की शक्ति रखते हैं, मैं तो आदमी ठहरा!

आज वह अन्तिम रात मेरे दिमाग में चिरजीविता बन गयी है, जब मैंने पाँचवीं बार निश्चय किया था कि अब मुझे जाना चाहिए आशा!

उसने कुछ नहीं कहा। हाँ, उस दिन अपने मन ही से अकेली वह पंजाबी के एक प्रसिद्ध लोकगीत को गाकर सुनाने लगी। क्योंकि वीना न जाने क्यों आज गोष्ठी में नहीं आयी।

दिया वले सारी रात
बत्तियाँ वटा रख दी, मेरया जाल्मा
दीवा वले सारी रात
बत्तियाँ बढ़ा रख दी मेरया जाल्मा
दीवा वले सारी रात
आवेगा ताँ पुच्छ लवागी, मेरया जाल्मा
कित्थे गुजारी सारी रात।
बत्तियाँ वटा रख दी, मेरया जाल्मा
दीवा वले सारी रात!
दीया रात-भर जलता है! ओ मेरे जालिम!
दीया रात-भर जलता है,
बत्तियाँ तैयार करा रखती हूँ, ओ मेरे जालिम!
दीया रात-भर जलता है।
तू आयेगा तो पूछ लूँगी, ओ मेरे जालिम!
कहाँ बितायी सारी रात

बत्तियाँ बढ़ाकर रखती हूँ ओ मेरे जालिम!
दीया रात-भर जलता है।

अभी अन्तिम चरण बाकी ही था कि उस मिट्टी के दीये ने एक बार भभककर अन्तिम साँस ले ली—क्योंकर जलता, वह कोई वियोगिनी का दीया थोड़े ही था वह तो था संयोगिनी आशा का दीया। मैंने पूछा, आशा बत्तियाँ बढ़ाकर लायी हो, थोड़ा रुककर उसने उत्तर दिया—आवश्यकता ही क्या थी!

उसी दिन सवेरे मैं घर चला आया। कई दिन बीत गये हैं पर मैं सदैव आशा के उन वियोगात्मक गीतों का स्मरण कर बेचैन होता रहता हूँ। और, आज वीना ने जो पत्र लिख भेजा है कि आशा नित्य वही विरहिन के गीत गाया करती है। वह हमें बहुत याद करती है।

पर क्या मैं भी अपनी लिख भेजूँ कि मुझे भी भूख-प्यास दोनों नहीं लगती पर क्या करूँ, खा लेता हूँ, ठहरा जो पुरुष! फिर सोचता हूँ, इससे उसका दुःख और बढ़ जायेगा। पर जो वियोगात्मक व्यथा की टीस मेरी अन्तरात्मा पर छा गयी है रह-रहकर मुझे कोसती रहती है और आशा का गाया हुआ उस रात्रि का गीत-स्वर न जाने कैसे मेरे कानों में गूँजने लगता है। मन कह उठता है, आशा!

'तू वियोग की भी शोभा है। तेरा मिट्टी का दीया चिरायु हो!'

●

लोकविद्–एक

डॉ. सुनीति कुमार चटर्जी

विश्वविद्यालय में मेरे प्राध्यापक डॉ. उदयनारायण तिवारी डॉ. सुनीति कुमार चटर्जी के प्रिय शिष्य थे। कलकत्ता विश्वविद्यालय से उन्हीं के निर्देशन में उन्होंने डी. लिट्. की उपाधि के लिए शोध किया था। सुनीति बाबू से सम्बोधित संस्मरणों की चर्चा उनके व्याख्यानों में प्रतिदिन एक-न-एक बार जरूर होती थी। हिन्दुस्तानी भाषा के प्रसंग में उन्होंने एक बार बताया कि बचपन में सुनीति बाबू प्राय: अपनी माँ को घर के बाहर बैठे एक भिखारी साधु से देर-देर तक बातें करते देखा करते थे। एक दिन उन्होंने अपनी माँ से पूछा, 'माँ तुम उस साधु से इतनी देर तक किस भाषा में बात करती हो।'' माँ ने उत्तर दिया, ''बेटा, वह एक ऐसी भाषा है जो देशभर के साधारण जन में सुविधानुसार बोली और समझी जाती है। उसे क्या नाम दूँ, समझ में नहीं आता। कई लोगों को उसे हिन्दुस्तानी कहते सुनती हूँ।''

डॉ. तिवारी ने हमारे मन में सुनीति बाबू को एक आख्यान पुरुष की तरह प्रतिष्ठित कर दिया था। तब तक उनका बहुत-कुछ लिखा-पढ़ा हम तक नहीं पहुँच पाया था। और, न आज-जैसी अन्त:क्रिया ही उस जमाने में स्थापित हो पायी थी लेकिन उसका विकास हो रहा था और डॉ. चटर्जी के विशेषज्ञ अवदानों से देश के बुद्धिजीवी परिचित हो रहे थे। विशेषकर स्वतन्त्रता-प्राप्ति के बाद, जब भाषा को लेकर विवाद चल रहा था, तब उनका नाम उभरकर सामने आया। यहाँ मेरा उद्देश्य भाषा-सम्बन्धी विवाद की चर्चा में जाना नहीं है। मैं तो उनकी वैचारिक प्रक्रिया के उन प्रसंगों तक ही अपने को सीमित रखना चाहता हूँ जिन्होंने डॉ. सुनीति कुमार चटर्जी जैसे पुरुष-श्रेष्ठ और विदग्ध भाषाविद् को वह गौरव प्रदान किया जो देश के किसी भी अन्य भाषाविज्ञानी को प्राप्त नहीं हो सका। प्रोफेसर जूल ब्लाख ने भाषाविज्ञान में उनकी सर्वथा नयी दृष्टि की पहचान के कारण ही कहा था, यास्क और पाणिनि के मातृदेश ने अन्तत: एक सच्चा भाषावैज्ञानिक पैदा कर दिया है।

विचारणीय है कि यह सब भाषाविज्ञान की परम्परा विहित पठन-पाठन की ...ारण नहीं वरन् लोकजीवन में अनन्त विश्वास और उसके प्रति अभिन्न

आस्था के कारण सम्भव हुआ था। जब तक भद्रलोक की भाषा और साहित्य को केन्द्र में रखकर भाषाविज्ञान के अध्ययन की जो शास्त्रीय परिपाटी चली आ रही थी, उसे सुनीति बाबू ने एक सर्वथा नया आयाम दे दिया था। चाहे भारत में रहे हों या विदेश में, उनकी जिज्ञासु दृष्टि-भाषा के उस स्वरूप पर सदा टिकी रही जो जन सामान्य बोलता है। उनका मानना था कि भाषा मात्र सम्प्रेषण अथवा संवाद का माध्यम नहीं है वरन् वह राजनैतिक, सामाजिक स्थितियों में सतत परिवर्तन का आईना भी है। परिस्थिति और परिवेश के मुताबिक भाषा में नए शब्द जुड़ते हैं—शब्दों का अर्थ-परिवर्तन और अर्थ-विस्तार होता है। शब्द मरते हैं और कई बार पुराने शब्दों को पुनर्जीवित होना पड़ता है। इतना ही नहीं, वाक्यरचना पर भी परिस्थितियों का दबाव पड़ता है। वह कई बार लचीली, कई बार कठोर और कई बार टूट-फूट जाती है। कुलीन साहित्य के छपे पृष्ठों में आँखें गड़ाये बैठे दुनिया के भाषविज्ञानियों के विपरीत, सुनीति बाबू ने भाषा के वास्तविक स्रोत जनसाधारण-किसानों, मजदूरों, दरबानों, रसोइयों, ड्राइवरों, दुकानदारों की काम में लगी भाषा को अपनी दृष्टि से कभी ओझल होने नहीं दिया। यही उनकी विशिष्टता का मुख्य कारण है। ग्रियर्सन के बाद वे प्रथम भारतीय हैं, जिन्होंने बोलियों के महत्त्व की ओर ध्यान दिया। अपने प्रसिद्ध लेख 'कलकत्ता हिन्दुस्तानी' में हिन्दुस्तानी के व्यापक प्रयोग की चर्चा करते हुए वे लिखते हैं, "कलकत्ते के किसी धनी परिवार में आधा दर्जन से ज्यादा बोलियों के प्रयोग होते पाया जा सकता है, लेकिन उन सभी के आपसी संवाद का माध्यम हिन्दुस्तानी होती है। मालिक स्थानीय शुद्ध बंगाली में बात करता है। उसका मैनेजर और क्लर्क पूर्वी बंगाल से हो सकते हैं। नौकरानी के मिदनापुर अथवा बाँकुरा के होने की सम्भावना है। नौकर बिहारी अथवा उड़िया हो सकते हैं। माली अकसर उड़िया होता है। जानवरों की देखभाल करनेवाला नौकर बिहारी होता है। बावर्ची के पश्चिमी बंगाल अथवा उड़िया अथवा मैथिल ब्राह्मण होने की सम्भावना है। साईस प्राय: निचली जातियों का बिहारी होता है। घोड़ागाड़ी हाँकनेवाला बंगाली हिन्दू और अगर घर में कार है तो ड्राइवर सिख भी हो सकता है। दरबान प्राय: भोजपुरी ब्राह्मण, सिख, कभी-कभी गुरखा भी होते हैं। बंगाली और उड़िया को छोड़कर ये सभी आपसी बातचीत के लिए हिन्दुस्तानी का ही प्रयोग करते हैं।"

"कलकत्ते में किसी विदेशी के लिए बाजार की हिन्दुस्तानी सीख लेना उसकी पहली आवश्यकता होती है। और, वह अपने काम-धाम के दौरान इसे जल्दी ही सीख जाता है। बंगाली, गुजराती, सिख, अफगान, चाइनामैन, तमिलियन, आरमीनियन, बगदाद ज्यू, एंग्लोइण्डियन कलकत्ता की भीड़ में, फुटबाल के मैदान पर रेसकोर्स अथवा ट्रामबस में एक-दूसरे से बात करते या हँसी-मजाक करते हुए बाजार की हिन्दुस्तानी का ही प्रयोग करते हैं।"

सुनीति बाबू ने अपने इस शोध-निबन्ध में कलकत्ता की बाजार की हिन्दुस्तानी का गहरा अध्ययन प्रस्तुत किया है और माना है कि इसका लोकतान्त्रिक स्वरूप किसी सुनिश्चित सांस्कृतिक परम्परा से आबद्ध नहीं है। इसलिए इसमें एकरूपता और व्याकरण सम्मतता की खोज करना उचित नहीं होगा। जन-प्रवाह के साथ निरन्तर प्रवाहमान रहने के कारण इसके परिवर्तित रूप का भी सम्प्रेषण निर्बाध रूप से होता रहा है।

भाषा-सम्बन्धी अपनी इन्हीं अवधारणाओं के कारण सुनीति बाबू ने हिन्दी के व्यापक स्वरूप को स्वीकार किया था और अपने 'हिन्दी की उत्पत्ति' नामक निबन्ध में हिन्दी भाषा के अनेक गुणों की चर्चा करते हुए उसकी शब्दशक्ति के बारे में लिखा था, "प्राकृत से प्राप्त अनेक शब्द हिन्दी में विद्यमान हैं। इतने प्राकृतज शब्दों का संरक्षण दूसरी किसी आर्यभाषा में हो ही नहीं सका। देहातों में सहस्रों उपयोगी प्राकृत शब्द मिल सकते हैं, जो साहित्य में लाने के योग्य हैं। प्राकृतज शब्दों को छोड़िये तो देखिये हिन्दी, संस्कृत के समस्त शब्दकोश की अधिकारिणी बनी है। संस्कृत शब्दों को हम सम्भाव्य हिन्दी शब्द कह सकते हैं। फिर उर्दू अथवा मुसलमानी हिन्दी की बदौलत फारसी-अरबी शब्दकोश से भी हिन्दी अपनी मालगुजारी वसूल कर सकती है। प्राकृतज या विशुद्ध हिन्दी, संस्कृत, फारसी इन तीन प्रकार के शब्दों की मिठास हिन्दी की शक्ति तथा गौरव बढ़ा रही हैं। संस्कृत और अरबी-फारसी के शब्द-भण्डार खुले रहने से हिन्दी किसी की परवाह नहीं करती। सामाजिक और गृहस्थ जीवन की सभी बातें केवल प्राकृतज शब्दों से ही हिन्दी में अच्छी तरह बोली जा सकती हैं। यह सिद्धान्त 'ठेठ हिन्दी का ठाठ' और 'अधखिला फूल' में श्री हरिऔध जी ने प्रमाणित किया है।

अभिप्राय यह कि उनकी दृष्टि में भारतीय भाषाओं में बोलचाल की हिन्दी ही एक ऐसी भाषा है जिसे सार्वदेशिक संवाद की भाषा का दर्जा प्राप्त है और अपने इस कथन की पुष्टि के लिए उन्होंने अपने ही अनुभवों से अनेक साक्ष्य प्रस्तुत किये हैं। भारतीय परिस्थितियों में भाषा के लोकतान्त्रिक स्वरूप को बनाये रखने का उनका आग्रह भी इस ओर संकेत करता है कि देश की लाखों-लाख जनता से संवाद स्थापित करने के लिए, हमें उन्हीं की बोलचाल की भाषा के समीप जाना श्रेयस्कर होगा। व्यापक और सामान्य प्रशिक्षण द्वारा उन्हें उन्हीं के शब्दों में सम्बोधित करना होगा। बोधगम्यता और ज्ञान के विस्तार के लिए हमारे पास दूसरा मार्ग इसलिए भी नहीं है कि गरीबी से जुड़ी अशिक्षा का अन्धकार हिमालय की तरह आज भी हमारे सामने खड़ा है। इसी कारण सुनीति बाबू ने देश की भाषा-समस्या पर विचार करते हुए हमेशा वस्तुपरक दृष्टि से काम लिया। क्योंकि वे भाषा के सवाल को एकान्तिक नहीं मानते थे। देश की जनता और लोकतन्त्र की आकांक्षाओं से जुड़ी इस समस्या को उन्होंने हमेशा एक दूरदर्शी, देशप्रेमी की तरह देखा और अपने को तुच्छ

आत्मपरक बन्धनों से हमेशा मुक्त रखा। उनके निबन्ध 'चालू हिन्दी' के निम्न उद्धरण से हमारी बात और स्पष्ट होगी—"यह बोलचाल की हिन्दी भारतीय प्रजाजन की बोली है। आधुनिक युग में गणमहाराज अपना सिर ऊँचा कर रहे हैं। उनकी वाणी बाजारू हिन्दी भारत के भावी संयुक्त राष्ट्र की गणवाणी बनेगी। गण की वाणी ही देवता की वाणी है। भावी भारत के लिए जन या गणवाणी देववाणी भले ही न हो, साहित्य की वाणी जरूर होगी। गणमहाराज अभी "इनकलाब जिन्दाबाद' और 'बोलो भाई मजदूरों की जय' पुकार रहे हैं। 'गलते आम मसीह वह सहीह' इस नीति को हमें मानने की आवश्यकता है, विशेषतः भाषा के सम्बन्ध में। महाजनों येन गतः स पन्था—जनता जिधर जाती है वही सड़क है। बोलचाल की हिन्दी सचमुच भारत की जीवित भाषा है। इसी के आधार पर भारत का एक राष्ट्र बनना सहज साध्य हुआ है।"

डॉ. सुनीति कुमार चटर्जी के व्यक्तित्व में बहुत-कुछ ऐसा था जो हमें मध्ययुगीन सन्तों में मिलता है। लोकजीवन और जनभाषा के प्रति उनका अनन्य भाव हमें बार-बार तुलसी और कबीर की स्मृति दिलाता है। उन्हें उम्मीद है कि, "इनकलाब जब सचमुच जिन्दा होगा और मजदूर तथा किसान जब भाषा के सुधार का काम खुद ही अपने हाथ में ले लेंगे तब चालू और बाजारू, गँवार और देहाती तथा खड़ीबोली और पड़ीबोली सब एकाकार होकर एक जनभाषा बन जायेगी।"

भारतीय गणराज्य की सम्पर्क भाषा के रूप में हिन्दी को प्रतिष्ठित करने और उसे ग्राह्य बनाने के लिए उन्होंने समय-समय पर अनेक सुझाव दिये। उसके कठिन व्याकरण के लिए अनेक संशोधनों का प्रस्ताव किया। वे यह भी कहते थे कि देवनागरी की जगह यदि रोमन लिपि स्वीकार कर दी जाय तो हिन्दी के सार्वदेशिक प्रयोग में और भी आसानी होगी।

हिन्दी की बहुलता उन्हें बहुत प्रिय थी। इसके विकासमान रूप में उन्हें व्यापक सम्भावनाएँ दिखती थीं। वे इसे जनता की भाषा के रूप में देखते थे। जिसमें प्राचीन क्लासिकी भाषाओं से लेकर गाँव-गिराँव में बोली जानेवाली बोलियों का समान रूप समवाय था। हिन्दी के विशाल फलक को उन्होंने पहचाना था, इसी कारण इसके लोकतान्त्रिक रूप को भारतीय गणतन्त्र की भाषा के रूप में प्रतिष्ठित करने के लिए सतत सहयोग देते रहे हैं। 'हिन्दी की उत्पत्ति' नामक लेख में उन्होंने लिखा था कि, "यह सबको मानना पड़ेगा कि दुनिया के अव्वल दर्जे के अन्तरराष्ट्रीय भाषाओं में हिन्दी का स्थान है। अंग्रेजी, उत्तर चीनी, जर्मन, रूसी, स्पेनिश, फ्रांसीसी, अरबी, फारसी, मलय आदि भाषाओं के साथ हिन्दी का नाम लेना चाहिए। संख्या के विचार से अंग्रेजी और उत्तर चीनी के बाद, हिन्दी का ही सथान है। श्रुति माधुर्य, जोर, कार्यशक्ति आदि में हिन्दी एक अनोखी भाषा है। ऐसी भाषा, जो हमारा गौरव-स्थल है।"

●

लोकविद्–दो

विद्यानिवास मिश्र

विश्वविद्यालय की पढ़ाई समाप्ति के बाद मैं हॉस्टल से भाई श्री कृष्णदास के साथ, एक ही मकान में रहने लगा था। उन्हीं दिनों पण्डित विद्यानिवास जी से मुलाकात हुई। वे दास भाई के परम मित्रों में से थे।

एक दिन मैं अपने कमरे में बैठा पढ़ रहा था कि दास भाई ने आवाज देकर मुझे बुलाया और बताया कि ये पण्डित विद्यानिवास मिश्र हैं, जिनसे तुम अब तक नहीं मिले होगे। पण्डित जी के बाह्य रूपरंग से ही किसी को पता चल जाता था कि ऐसे व्यक्ति से मिल रहा है, जो सच्चे अर्थों में पण्डित है। मैं प्रणाम करके पास ही तख्त पर बैठ गया।

भाई को तुमने कैसे इतना मोहित कर लिया है? कहाँ है 'पान–फूल'? लाओ, मैं भी उस पर कुछ रोली–अक्षत चढ़ाऊँ।

मैं तुरन्त उठकर कमरे में गया और 'पान–फूल' की एक प्रति जो संयोग से मेरे पास पड़ी थी, उठा लाया। दोनों हाथों से विनयपूर्वक देने लगा, तो वे स्नेहभरी मुस्कान में बोले, "ऐसे नहीं, इस पर हस्ताक्षर और तारीख लिखो।"

मैंने लिखा, आदरणीय भाई, विद्यानिवास मिश्र को सादर–सप्रेम और पुस्तक उन्हें देकर उनके पाँव छू लिये। होंठों को गोल–गोल करके मुस्कराने और आशीर्वाद देने की वह छवि जैसे मन में लिख दी गयी हो। लेकिन यह भाई...!

अनेक लोगों पर मेरा ध्यान जाता और फिसलता।

तभी वे बोले 'कल्पना' के उस अंक से मैंने तुम्हें जाना, जिसमें 'गुलरा के बाबा' के साथ भाई की भी कहानी छपी थी। वहीं मैंने तुम्हारी कहानी पढ़ी थी। फिर तो तुम लगातार वहाँ छपते हो। 'प्रतीक' को कुछ क्यों नहीं भेजते। सेठ कुछ देता है क्या?

मैंने कहा, "हर महीने के पहले हफ्ते में दो सौ रुपये। एक कहानी के लिए और...मुझसे कहा है कि जो भी लिखें, उन्हें ही भेजें। समीक्षाएँ आदि।"

फिर जैसे किसी खास गति से प्रवाहित नदी में सहसा उतार आया हो।

"रघुवीर आयेंगे, भाई का पत्र होगा तुम्हारे लिये, फिर भाई भी आयेंगे। बेलीरोड पर 'वसुधा' में ठहरते हैं, शायद तुम्हें बुलाया है। डॉक्टर केसकर ने आग्रह किया है कि भाई हर महीने एक रेडियो-पत्रिका का सम्पादन करें और उसका राष्ट्रीय प्रसारण हो। बात इसी को लेकर चल रही थी।"

बहरहाल सब-कुछ वैसे ही हुआ, जो विद्यानिवास जी ने बताया था।

उन्हीं के संकेत पर दो-चार दिन के भीतर ही मैंने एक बैठकी में पूरी कहानी लिख ली...'जूते'। सुबह दुष्यन्त को सुनाया, तो वह उच्छ्वसित हुआ। लेकिन और कुछ मैंने किसी को नहीं बताया...यहाँ तक कि दुष्यन्त को भी नहीं।

अब भाई मेरी समझ में आ गये, लेकिन बहुत दिनों बाद समझ पाया कि 'प्रतीक' द्वैमासिक के जमाने से विद्यानिवास जी उनके परमप्रिय रहे हैं। उन्होंने यह भी बताया कि इस वर्ष की साहित्य अकादमी की रिपोर्ट में तुम्हारा भी नाम है...दो-तीन लाइनें भी तुम्हारी कहानियों पर लिखा है, भाई ने।

विद्यानिवास जी उस समय कहीं मध्यप्रदेश में थे। कुछ दिनों बाद उनका एक कार्ड आया...

"प्रिय बच्चा,

कैसी रही रेडियो-पत्रिका?

कथाकार प्रयाग विश्वविद्यालय में शोध-छात्र हैं, इनकी और भी कहानियाँ आप आगे सुनेंगे। दास भाई को मेरी याद

तुम्हारा

विद्यानिवास"

दास भाई को पत्र दिखाया। कहने लगे तुम उन्हें जानते नहीं क्या?

—बहुत अच्छी तरह नहीं।

वे शास्त्र और लोकविद् दोनों हैं। हजारीप्रसाद द्विवेदी के बाद वही अकेले ऐसे व्यक्ति हैं, जिनका संस्कृत-साहित्य और लोक-साहित्य पर समान अधिकार है। अत्यन्त सरल, मृदुभाषी और स्नेहशील हैं, ये लोग। ललित-निबन्ध के क्षेत्र में दोनों मूर्द्धन्य लेखक हैं। फिर उन्होंने उनके कई निबन्धों का उल्लेख किया और उनकी एक किताब भी मुझे पढ़ने को दी।

आजकल विन्ध्य प्रदेश में सूचना विभाग के निदेशक हैं। भइया साहब के परमप्रिय मित्रों में हैं और देवरिया के रहनेवाले हैं।

यह भइया साहब कौन हैं—भाई को तो मैं जानता ही था, लेकिन भाई के नाम से नहीं, अज्ञेय नाम से।

भइया साहब पण्डित श्रीनारायण चतुर्वेदी का विख्यात नाम है। उनके जाननेवाले उन्हें भइया साहब ही कहकर पुकारते हैं। उनकी सान्ध्यकालीन बैठकी को कौन नहीं जानता, मैं भी उसमें प्रायः जाता हूँ। जब वे यहाँ होते हैं। कभी-कभी तो निराला जी भी उसमें बैठा करते हैं।

विद्यानिवास मिश्र को शायद तुम्हारे लोक-साहित्य सम्बन्धी कार्यों के बारे में कुछ मालूम नहीं है, 'लोकसाहित्य की भूमिका' जो साहित्य भवन से छप रही है, उसी के बारे में पूछताछ करने आये थे।

''बाबा, निमियाँ का पेड़ जिन काटेउ, निमियाँ चिरइया बसेर, सब रे चिरइया उड़ि जइहैं, रहि जइहैं निमियाँ अकेल।''

मुझसे यह गीत सुनकर उनकी आँखों में आँसू आ गये थे।

इन्हीं दिनों रीवा से एक सज्जन आये थे, कई लोगों के लिए निमन्त्रण-पत्र लेकर।

पण्डित जी वहाँ साहित्य-समारोह कर रहे थे। उन्होंने मुझे भी एक बन्द लिफाफा दिया, जिसमें एक पत्र भी था। लिखा था, तुम्हें हर हालत में आना है और लोक-साहित्य पर अलग से होनेवाली गोष्ठी की अध्यक्षता करनी है।

आये हुए पत्रवाहक ने बताया कि अमृत-पत्रिका के एक सम्पादक महोदय ने पण्डित जी को आपके बारे में अनेक सूचनाएँ दी हैं।

मैं लोकसाहित्य और कबीर के सन्दर्भ में शोध-कार्य कर रहा हूँ।

'अमृत-पत्रिका' के साप्ताहिकों में लगातार लिखता हूँ और 'भुखिया न लागे, पियसिया न लागे' नामक लेख पिछले हफ्ते ही प्रकाशित हुआ है। आपको हर हालत में उस गोष्ठी में आना है।

यहाँ से कई लोग बुलाये गये हैं, कवि-गोष्ठी के लिए। रमानाथ अवस्थी, दुष्यन्त कुमार आदि भी जा रहे हैं। आप उन्हीं लोगों के साथ आ जाइये।

सब-कुछ बहुत भव्य हुआ। व्याख्यान कम और लोकगीतों का उस तरह गान हुआ जैसे गाँवों में गाया जाता है। अन्ततः जब मेरी बारी आयी, तो पण्डित जी ने बोल डाला कि तुम भी कुछ सुनाओ। मैं सोचता रह गया कि क्या करूँ। लाचार होकर मैंने भी एक गीत गाया।

''जौ मैं जनतेउँ लँवंगरि इतनी महकबिउ हो।

लँवँगरि रँगतेउँ छयलवा का पगिया, सहरिया में गमकत हो।''

पण्डित जी बहुत प्रसन्न हुए। कहने लगे, मैंने आज से पहले यह गीत नहीं सुना था।...अद्भुत...

दक्षिणी दिल्ली का महारानी गेस्ट हाउस।

अनेक मित्र सुबह से शाम तक वहाँ आते, बैठते, स्नेहभरी बातें करते, भरोसा देते और चले जाते। ऑपरेशन का इतना गहरा असर मेरे ऊपर था कि होश में होते हुए भी थोड़ी देर में सब-कुछ भूल जाता था। उसी दौरान एक दिन पण्डित जी आये, स्वतः कुर्सी खींचकर मेरे पास बैठे, लेकिन मैंने ध्यान से देखा कि वे सहसा कुछ उदास हो गये हैं। हाल-चाल पूछा। मैंने बहुत धीरे-धीरे बताया और कमजोरी की चर्चा की।

उन्होंने कहा, मैं तो यह समझ रहा था कि तुम बैठकर बातचीत करने लायक हो गये होगे। थोड़ा समय लगेगा। मैं एक-दो दिन दिल्ली में रहूँगा, फिर आऊँगा। ईश्वर तुम्हें शीघ्र स्वस्थ कर दें, यही प्रार्थना करता हूँ।

जब वे जाने लगे, तब भी उनके चेहरे पर चिन्ता की रेखा जैसी-की-तैसी मौजूद थी। फिर करीब दस दिन के बाद वे आये। इस बार सिरहाने कुर्सी पर बैठकर बहुत-सी बातें करते रहे। तरह-तरह से भरोसा दिलाते रहे। फिर तो कई दिनों तक इसी तरह दोपहर के बाद उनका आना होता। शायद वह आखिरी दिन था, जब वे आते ही बोले, "आज रात की गाड़ी से मुझे इलाहाबाद जाना है" और वे मेरा हाथ अपने दोनों हाथों में लेकर बोले, "हम सबको बड़ी आशाएँ हैं, तुमसे। शीघ्र ठीक होकर इलाहाबाद आओ। मुझे सूचना दिला देना। मैं तुम्हें देखने जरूर आऊँगा।''

उनका इस तरह हाथों को सहलाते हुए धीरे से बिस्तर पर रख देना और भरे-भरे मन से कहना कि अब चलता हूँ, मुझे बार-बार याद आता रहा।

इन्दौर में हिन्दी साहित्य सम्मेलन का महा-अधिवेशन। श्री विभूति मिश्र और सत्यप्रकाश जी ने बताया कि मुझे साहित्य-परिषद् की अध्यक्षता करनी है। एक लिखित भाषण जिसे छापकर वितरित किये जाने की परम्परा है। वह भी मैंने लिखकर दे दिया।

पण्डित विद्यानिवास जी इस महा-अधिवेशन की अध्यक्षता करने आ रहे थे।

उद्घाटन-सत्र में मध्यप्रदेश के राज्यपाल, महापौर तथा लोकसभा के सदस्य विराजमान थे। लोग आते पण्डित जी को प्रणाम करते अपनी जगह पर बैठ जाते। तभी मध्यप्रदेश के मुख्यमन्त्री दिग्विजय सिंह मंच पर पधारे, पण्डित जी के सामने रुके और झुककर दोनों हाथों से पण्डित जी का पाँव छुआ, पलभर को हाथ जोड़े खड़े रहे और वे भी अपनी जगह पर जाकर बैठ गये।

उद्‌घाटन भाषण के शुरू में उन्होंने जिन कुछ लोगों का उल्लेख किया, उनमें सिर्फ दिग्विजय सिंह के लिए ही शीलवान् विशेषण का उपयोग किया। रवीन्द्रालय के विशाल सभाकक्ष में बैठे अनेक विज्ञ लोगों का ध्यान इस विशेषण पर गया।

मैंने उनको कई बार बोलते हुए सुना है। बिना किसी तनाव अथवा वाणी के चढ़ाव-उतराव के वक्तव्य देते हैं। लेकिन यह भाषण तो अद्‌भुत था—क्षोभ और आक्रमण दोनों इस तरह मिल-जुलकर व्यक्त हो रहे थे कि उन्हें सहज ही पहचान पाना मुश्किल हो रहा था। राष्ट्रभाषा के सवाल पर वे सरकार की नीतियों की तीखी आलोचना करने के साथ ही लोगों से मिल-जुलकर इस महत्त्वपूर्ण कार्य को आगे बढ़ाने का आह्वान कर रहे थे। इसी भाषण के बीच में उन्होंने जान-बूझकर उल्लेख किया कि इसी सभाकक्ष में सत्ताईस वर्ष पहले साहित्य-परिषद् की अध्यक्षता करने पण्डित रामचन्द्र शुक्ल आये थे और कल उसी साहित्य-परिषद् की अध्यक्षता श्री मार्कण्डेय करेंगे। हिन्दी को आगे बढ़ाने के लिए हम सभी विचारधारा के लोगों और संगठनों के साथ हैं। हमें सरकार को स्पष्ट दिखा देना चाहिए कि अब हमें हिन्दी के प्रचार-प्रसार के लिए सरकार का मुँह नहीं देखना है।

उसके बाद भी अनेक गोष्ठियों और सभाओं में पण्डित जी से मुलाकात होती रही और वे 'बच्चा' कहकर ही मुझे आशीर्वाद देते रहे।

निश्चय ही पण्डित जी एक विरल व्यक्ति थे। उन्हें भुला पाना बहुत मुश्किल है।

●

४

पुस्तक समीक्षाएँ

अन्धेनैव नीयमाना यथान्धाः

इन तीन नाट्य कृतियों को पढ़ते हुए सहसा संस्कृत श्लोक की यह पंक्ति याद आ गयी, 'अन्धेनैव नीयमाना यथान्धाः' अर्थात् 'अन्धे' द्वारा ले जाये जानेवाले 'अन्धे'।

पाठक को भी इन्हें पढ़ते-पढ़ते एक हलके-से अन्धेपन का आभास हो सकता है। इसमें विस्मय की कोई बात नहीं। अगर आपके ही चारों ओर से प्रकाश की किरणें खींच ली जायें, और एक निपट अँधेरे की स्याह दीवार से जीवन की सारी उत्कण्ठाएँ अलग कर दी जायें, तो शायद आपकी दृष्टि उग्र अँधेरे की कालिमा में, अपनी रोशनी के रहते हुए भी, कुछ शुभ्र देख पाने में, कोई आशा देख पाने में असमर्थ हो जायेगी। सामान्य दृष्टि की उपयोगिता तभी है, जब आलोक है। अँधेरे में जैसे अन्धा, वैसे ही आँखवाला। इसलिए इस 'अन्धा कुआँ', 'अन्धी गली' और 'अन्धा युग' में, किसी सामान्य दृष्टिवाले को अन्धापन का भास होने लगे, तो कुछ आश्चर्य नहीं।

कलाकार की परम्परा तो आलोक-दान की है। वह एक विशेष अन्तर्दृष्टि से समन्वित होकर ही युग का निर्देशन करता है। अन्धेपन को दृष्टि देता है और अँधेरे को आलोकित कर उन तमाम बिलबिलाते हुए प्राणियों को, उनकी छीनी हुई रोशनी लौटा देता है। इसलिए अँधेरे में जैसे अन्धा, वैसे वह नहीं रह सकता। उसकी पारदर्शी दृष्टि के प्रभाव से अँधेरे की कालिमा में छिपी किरणें भी जगमगा उठती हैं।

प्रस्तुत तीनों पुस्तकों के कथा-वृत्त में मानवीय जीवन के अन्धकारमय पक्ष का प्राधान्य है। 'अन्धा कुआँ' में परम्परागत रूढ़ियों में जकड़ा हुआ आज का अन्धकारमय गाँव, 'अन्धी गली' में साम्प्रदायिक दंगों से पीड़ित, आस्थाहीन, टूटे और निराश शरणार्थी और 'अन्धा युग' में द्वापर के अवसानकाल की राज्यलिप्सा और युद्धलोलुपता से आक्रान्त झूठे एवं अमर्यादित आचरण पर नैतिकता का पर्दा डालनेवाले, कौरव-पाण्डव और उनके अनुयायी, कथा-पार्श्व में निश्चय ही गहन अन्धकार और दृष्टि-हीनता दोनों की सृष्टि करते हैं।

सबसे पहले हम 'अन्धा कुआँ' ही को लें। पता नहीं, किस गाँव के किस घर और कैसे आदमी की यह कहानी है?

लेकिन कहानी तो एक है ही, जिसमें एक आदमी है, उसका एक भाई है। भाई की एक बीवी है। स्वयं उसकी एक बीवी 'सूका' है। जो घर छोड़कर भागी थी। मुकदमे से जीतकर लायी गयी है, और उसके शरीर पर गरम सलाखों और लाठियों के दाग डालकर भी वह आदमी थका नहीं है। उसने खरीदकर एक नयी बहू को घर में डाल लिया है— सूका की सौत के रूप में, पर वह भी भाग जाती है। कुछ और पात्र हैं। लोकगीतोंवाली अवास्तविक ननद और सिनेमावाले कुछ बनावटी खलनायक। समझदार आदमी के लिए, इसमें घृणा, प्रतिहिंसा, नीचता, कपट, कुटिलता, क्रोध ही पात्र के रूप में मिलते हैं, और जो तत्त्व सबसे ज्यादा उभरकर सामने आता है, वह है नाटककार की गाँव के सम्बन्ध में नासमझी। आदमी और औरत को काठ का पुतला बना कर, लेखक ने उसके मुँह में अपनी जुबान, और हृदय में अपना दिल रख दिया है। फिर वह बोलते हैं, लड़ते हैं, मारते हैं, मरते हैं और नाटक होता जाता है। अन्त में हाथ लगती है, प्रताड़ित 'सूका' की झूठी साँप के मुँह की तरह भुथरी हुई, खोखली नैतिकता जो 'सूका' और भगौती की पात्रिक अवास्तविकता के कारण नितान्त काल्पनिक और बोझिल हो जाती है, क्योंकि 'भगौती' आदमी नहीं है, वह है 'अन्धा कुआँ' और 'अन्धा कुआँ' ही नहीं, लेखक के दिमाग का गढ़ा हुआ आरोपित 'अन्धा कुआँ', जो कठपुतले की तरह मंच पर लाठियाँ भाँजता है और 'सूका' के बालू के बोरे से शरीर पर सारा जोर आजमाता है।

करुणा, दया, विचारशीलता, तर्क आदि के लिए भगौती के मन में कोई स्थान नहीं है, और हो भी क्यों? वह तो 'अन्धा कुआँ' है, मानवीय चरित्र का आधार उसे कहाँ मिले?

गाँवों में कटुताएँ और अन्धकार हैं, पर वे तर्कहीन नहीं हैं। उनके कारणों पर प्रकाश डाला जा सकता है, बिना समझे अपने को एक गाँववाले के भीतर बैठा देना, उनके साथ अन्याय करना है। नाटक से लगता है, वह खाता-पीता परिवार है, उच्च जातीय है। बीस बीघे तो केवल धान बोया जाता है। दो हलवाहे हैं। ऐसे घर में बीवी का भागना और मुकदमा करके लौटना, फिर दूसरी लड़की का खरीदकर आना और भोगना और आज की ननद का भाभी को दागने के लिए लोहे का छड़ गरम करना, रात-भर एक स्त्री का गाँव में बँधा रह जाना और साथियों का उसे और भी मारने और गाली देने की सलाह देना आदि कितनी ही बातें हैं, जिनकी अनदेखी कम-से-कम लेखक के लिए होनी ही चाहिए। क्योंकि यह अवास्तविक है सत्य का सामंजस्य अगर परिस्थितियों में नहीं होता तो उसे कल्पना का अतिरेक ही माना जायेगा।

यह तो रही चरित्रों की बात। नाट्य-शिल्प में मंच का युद्धक्षेत्र-सा ऐसा उपयोग विरल है। दूसरे अंक में तो लगातार कवायद, परेड का ऐसा प्रभाव उत्पन्न किया

गया है, कि पात्र मंच पर एक-दूसरे से लड़कर सचमुच ही अपना मुँह नोच बैठें। कुल मिलाकर पूरे नाटक का शिल्प-संयोजन नितान्त उलझा हुआ, और कमजोर है।

नाटक में वार्त्तालाप की स्वाभाविकता पर ही ध्यान देना काफी नहीं है। वार्त्तालाप तो मानसिक प्रक्रिया और शरीर-संचालन के बाद आता है। चरित्र बातों से नहीं बनते, इसलिए चरित्रों की मानसिक प्रक्रिया और उसी के अनुरूप तर्कपूर्ण कृत्य के बाद वार्त्तालाप की स्वाभाविकता अर्थपूर्ण बन सकती है। प्रस्तुत नाटक में जीवन की स्वाभाविक गति ही भग्न हो गयी है। आचरण और सम्भाषण में कोई सन्तुलन नहीं, और सबसे बड़ी कमी तो है, स्वाभाविक तर्कपूर्ण स्थितियों के निर्माण की, और यदि कथा-भूमि लेखक की खूब जानी-परखी नहीं है, तो ये गलतियाँ हो ही जाती हैं।

भाषा को मुहावरेदार बनाने की चेष्टा दृष्टिगत होती है, जो दोष है। बोलियों के घाल-मेल प्रयोग के कारण, लेखक एक ही संलाप में अवधी और भोजपुरी की खिचड़ी पकाने लगता है। फिर भी कुल मिलाकर वार्त्तालापों में प्रवाह है। भाषा के माध्यम से ही यह जाना जा सकता है कि यह कथा उत्तर प्रदेश के पूर्वी जिलों के गाँव से सम्बन्ध रखती है। स्थानीय शब्दों के प्रयोग और रीति-रिवाजों के उल्लेख लेखक ने बड़ी ही खूबसूरती से किये हैं।

दूसरी पुस्तक है श्री उपेन्द्रनाथ 'अश्क' का नया नाटक 'अन्धी गली'। यह एक महत्त्वपूर्ण कृति है। नाट्य-शिल्प की चातुरी और जीवन की सच्चाइयों से भरी-पूरी।

शरणार्थियों की समस्या को लेकर लिखे गये इस नाटक में उनके जीवन की प्रतारणा, घुटन, नैतिक ह्रास और टूटे हुए कृत्रिम जीवन की वास्तविक झाँकियाँ आँखों के आगे नाच उठती हैं। 'गली अन्धी जरूर है, क्योंकि उसका सम्पूर्ण जीवन आबादी के अन्धेपन के कारण नैतिकता और विकासशील, उदार मानवीय प्रवृत्तियों के दायरे से कट गया है। त्रिपाठी, कील, रामचरण, चाची, शाम, के० एन० मिश्र और लीकू, सभी जैसे अँधेरे में बिलबिलानेवाले पात्र हों। सभी उन विक्रान्त मनोवृत्तियों के लपेट में सकारण या अकारण आ गये हैं। सभी का जीवन परिस्थितिजन्य विपत्तियों के कारण अपनी धुरी छोड़ चुका है, पर सबमें आलोक के लिए भूख बाकी है। सब स्वप्न देखते-सोचते हैं, और किसी आग्रहवश कुछ करते हैं। नाटकीय शिल्प में उनकी सच्चाई का बोध होता है। उनके कृत्यों के बिन्दु स्वाभाविक इसलिए लगते हैं कि उनके पीछे के समाज का जीवन, कम-से-कम जो नाटक के लिए चुना गया है, लेखक के अपने दृष्टि-भेद के भीतर का है।

शरणार्थियों के साथ, उनके सम्पर्क में आनेवालों की आँख की रोशनी भी उसी तरह चली गयी है, जैसा ऊपर कहा गया है कि अन्धकार में आँखोंवाला भी अन्धा हो जाता है, पर लेखक ने उन सबको यहाँ तक कि तत्कालीन सामाजिक एवं राजनीतिक स्थितियों को भी देखा है। लेकिन लगता है, जैसे देखा ही है, और वहीं उन प्रकाश के भूखों को छोड़ भी दिया है। उनकी क्षुद्रताएँ वास्तविक हैं, पर उनके

स्वप्न की वास्तविकता का पल्ला पकड़ना चाहते हैं। उनकी घुटन और दर्द भी मरहम चाहते हैं, जो 'अश्क' नहीं दे पाते। 'अश्क' की सीमाएँ यही हैं। वे जीवन को अपनी अगल-बगल देख तो लेते हैं पर जैसे घबराकर छोड़ देते हों। सत्य की चकाचौंध कभी भी एक कमजोर और व्यक्तिगत जीवन में आत्मकेन्द्रीय व्यक्ति से नहीं सँभाली जाती है। जीवन के सत्यों की रक्षा प्राणों की बाजी लगानेवाले के ही हाथ होती है और 'अश्क' इस रास्ते पर थोड़ी दूर चलनेवाले हैं। बातों और खयालों में, यही कारण है, कि उनकी कृतियाँ ऊपर नहीं उठ पातीं। नाटकों में बाहरी जीवन के उपक्रम ज्यादा काम आते हैं। 'अश्क' इसी कारण, शायद नाटकों में सफल दीखते हैं। पर किसी भी कृति में यही सब-कुछ नहीं है। यह तो केवल व्यक्ति के स्वभाव साध लेने का परिणाम भी हो सकता है।

'अन्धी गली' की यही खूबी है कि उसकी खासी जाँच-पड़ताल इस नाटक में की गयी है। अन्त को जिस प्रकार के प्रभाव से प्रस्तुत किया गया है, उसमें गली की मानवता के मन की टूटी हुई आस्था का एक दर्शन जरूर मिल जाता है। और शायद उसके साथ ही बिन्दा बाबू के मकान के गिरवाने की नोटिस में नये प्रकाशमान मार्ग का संकेत भी है। पर सारा नाकाफी इसलिए है कि अनास्था और घुटन के बीच, जिन प्रकाशमान वृत्तियों को उदय हो जाना चाहिए था वे नहीं हुईं। लेकिन समस्याएँ सामने आ जायें, यही उम्मीद प्रस्तुत नाटककार से की जानी चाहिए।

नाटकीय शिल्प के सम्बन्ध में जो यह घोषणा की गयी है कि ये अंक अलग-अलग भी खेले जा सकते हैं, वह निरी घोषणा है। सारे अकेले अंक अपनी अलग सत्ता के साथ एकांकी कहे जाने के लिए अयोग्य हैं और सम्पूर्ण नाटक की काया भी हमारे मंच की सीमाओं से बाहर है। पात्रों का तारतम्य कुछ इतना बेतुका पड़ेगा, कि अगर उसे एक ही सेट पर खेलने का साहस किया जाये तो मंच कबूतरों का अड्डा बन जायेगा। विभिन्न शक्लों में अधिकांशतः एक ही आदमी घूमता है और यह सब इतना अनस्थायी है कि दर्शक चाहे कुछ लोगों के चरित्रों का रस ले पाये ज्यादातर क्षण-भर में लोप हो जायेंगे।

जहाँ तक वार्त्तालापों का प्रश्न है, वे स्वाभाविक तो हैं, पर पंजाबी का प्रयोग आवश्यकता से ज्यादा है। इसलिए नाटक के उपन्यास-जैसे पाठ में भी विघ्न पड़ता है। स्टेज की बात तो जाने दीजिये।

तीसरी पुस्तक है धर्मवीर भारती का 'अन्धा युग'। अन्धेपन के हिसाब से इसके नाम के साथ 'युग' जुड़कर एक व्यापक अन्धेपन की सूचना देता है।

नाटक का पूरा मसाला ही अन्धा है। समाज अन्धा, परिवार अन्धा, नैतिकता अन्धी, आस्था अन्धी, मूल्य-मर्यादाएँ अन्धी, यहाँ तक कि कृष्ण भी अन्धे, साथ-साथ आँखवाली कुन्ती भी नकली अन्धी! लेखक के बारे में क्या कहा जाये? इस पंक्ति पर गौर कीजिये, 'अन्धा युग' कदापि न लिखा जाता, यदि उसका लिखना-

न-लिखना मेरे बस की बात रही होती... पर एक नशा होता है... अन्धकार के गरजते महासागर की चुनौती स्वीकार करने का...' इत्यादि।

नि:सन्देह भारती की कृति विचारोत्तेजक है। उन्होंने सामान्य जीवन में युगों से घुले-मिले विश्वासों को चुनौती दी है। आँख खोलकर उन्होंने इतिहास की अन्तर्भूत परम्परा से चले आनेवाले इस महान् कथातत्त्व की शल्य-क्रिया की है और किसी समसामयिक कथावस्तु के लिए उनकी यह पैनी दृष्टि उपयोगी होती, पर प्रस्तुत कथानक की सच्चाइयों का सामना करते हुए, लेखक के साहस और संयम दोनों को व्यापक जनमत का सामना करना पड़ा है। जहाँ अश्वत्थामा के पीड़ित जीवन-दर्शन से प्रत्युत्पन्न वैयक्तिक कुण्ठाओं और आत्मपीड़न की प्रक्रिया में आस्था के बीज फूट पड़ते हैं, अथवा युयुत्सु द्वारा तर्कहीन, अबौद्धिक और अधपकी विचार-शक्ति से निर्धारित आस्था की सृष्टि होती है, अथवा संजय के कर्महीन खोखले जीवन में अनुभूतिपूर्ण आस्था केवल गर्भस्थ होकर रह जाती है, वहीं लेखक की दृष्टि की परीक्षा होती है। उपर्युक्त शब्दों में कहें तो उसके संयम अथवा वस्तुपरक पर्यवेक्षण का पता चलता है।

अन्धी मानवता की घालमेल आस्थाओं के डेरे में स्वयं लेखक की आस्था गोल हो जाती है, और भावों के चमत्कार एवं अनुभूतियों के विरोधाभास में वह अपने मन की कुण्ठित आस्था की बाजी लगा देता है। फलत: यह तीनों निर्माण, जिनके बल पर भारती ने इस दृश्यकाव्य की दीवारें खड़ी की हैं, नयी मर्यादा के नकली निर्माण से दिखने लगते हैं, जो भारती के वैयक्तिक आत्मपरक चिन्तन के उदाहरणस्वरूप सामने आते हैं। तीनों का आत्मचिन्तन या तो बहुजनसम्मत नहीं है, या आत्मप्रवंचनाओं का प्रतिफलन है। इसलिए, विचारोत्तेजकता यदि तर्कसम्मत न हो, तो उसे भी एक तरह की दृष्टिहीनता कही जायेगी।

साधारण लौकिक मानदण्ड पर कृष्ण का चरित्र बहुधा नापा जाता है। महाभारत की युद्ध-आक्रान्त मानवता का चाहे जो भी असर तत्कालीन अथवा उसके पश्चात् की पीढ़ियों पर पड़ा हो, पर युद्ध को आज हम अच्छा नहीं मानते और तब मानते होंगे, ऐसा कहा जा सकता है; लेकिन यह बात तो लोक-मानस में बैठ ही गयी है कि कृष्ण न्याय और धर्म के समर्थक थे। शायद ये दोनों ही पाण्डवों की ओर थे। लोक-प्रचलित मान्यता को अन्धे होकर स्वीकार करना युयुत्सु की वृत्ति हो, इसलिए उसे चुनौती देना, उसकी सच्ची परख करना कलाकार के कर्त्तव्य में शामिल है। फिर भी इतना तो कहा ही जा सकता है कि कृष्ण ही वह प्रकाश-किरण रहे हैं, जो गहनतम अन्धकार की कारा में जीवन का सन्देश देते रहे हैं। एक तरह से देखा जाये तो कृष्ण सामूहिक मानवता के प्रति, वैयक्तिक एकात्मकता की प्रबल जिज्ञासा के प्रतिनिधि रहे हैं, और उनकी आस्था वैयक्तिक चिन्तन से फलीभूत नहीं हुई है। उनमें मानवता के उत्थान और व्यापक जनहित का उद्घोष सदा ही रहा है। अन्धा

युग की मान्यता इस सत्य को भी चुनौती देती है, और वैयक्तिक आस्था के नये युग के समारम्भ की सूचना देती है, जिसमें अपनी अलग-अलग आस्थाएँ होंगी, अपना अलग-अलग सत्य होगा। आदमी समग्र, मानवता के प्रति नहीं, केवल अपनी चेतना के प्रति प्रतिश्रुत होगा।

क्योंकि, कृष्ण के इस समाजसम्मत, सामूहिक चिन्तनपूर्ण चरित्र के करुण और महान् उत्सर्ग का दर्शक तो केवल वह अश्वत्थामा रहा है, जो पीड़ामात्र से मुक्त है, पर विकलांग है, अपाहिज है और कलियुग की आत्मा में भटक रहा है।

'अन्धा युग' का दर्शन-पक्ष कमजोर और दृष्टिहीन है। कृष्ण के चरित्रांकन में तो चाहे हम साहस देख भी पायें, पर संयम और समझ दोनों की कमी शायद सभी पाठकों को खटकेगी।

काव्य-कृति की दृष्टि से विचार करने पर, इसमें कई स्थल ऐसे मिलते हैं, जहाँ मानवीय संवेदनशीलता का बिन्दु अपनी चरम सीमा पर पहुँच जाता है। कहीं-कहीं लय की गति भी मन को मोहती है, पर गद्यात्मकता का इतना गहरा प्रभाव है कि बहुधा इसे काव्य की अपेक्षा गद्य-कृति कहना ही अधिक उपयुक्त जान पड़ता है। भारती अपनी प्रवृत्ति के अनुसार इस कृति में कुछ चुने हुए शब्दों के प्रयोग से कथानक को प्रभावोत्पादक बनाने में पूर्णतया सफल हुए हैं।

मंच के लिए इसकी उपयोगिता के सम्बन्ध में आसानी से कुछ नहीं कहा जा सकता। शायद प्रस्तुत वार्त्तालापों और मंच-सफलतापूर्वक प्रस्तुत न किया जा सके।

सम्भवत: 'अन्ध' की व्याख्या अब ज्यादा आसान हो गयी हो। वैयक्तिक आत्म-चेतना के विकास के साथ समस्त मानव-जाति के प्रति उत्तरदायी एवं एकात्म होने की वृत्ति, जिस दृष्टि में नहीं है, शायद वही दृष्टि प्रकाशहीन है, न तो वह प्रकाशित है, न प्रकाशदायी।

'अन्धा कुआँ' लेखक के दिमाग का गढ़ा हुआ, आरोपित अन्धा कुआँ है।

'अन्धी गली' की अनास्था एवं घुटन के बीच, जिन प्रकाशमान वृत्तियों का उदय हो जाना चाहिए था, वे नहीं हुईं, लेकिन समस्याएँ आ जायें, यही उम्मीद प्रस्तुत नाटककार से की जानी चाहिए।

'अन्धा युग' की मान्यता, वैयक्तिक आस्था के नये युग के शुभारम्भ की सूचना देती है, जिसमें अपना अलग सत्य होगा, अपनी अलग आस्था होगी, आदमी समग्र मानवता के प्रति नहीं, केवल अपने प्रति प्रतिश्रुत होगा।

इसी कारण मैंने शुरू में कहा था, कि इन कृतियों को पढ़ते समय अन्धेपन का आभास हो सकता है और मुझे संस्कृत का उपर्युक्त श्लोक याद आ गया।

(**अन्धा कुआँ** : लक्ष्मीनारायणलाल; **अन्धी गली** : उपेन्द्रनाथ 'अश्क'; **अन्धा युग** : धर्मवीर भारती)

●

ठण्डा लोहा तथा भारती की अन्य कविताएँ

प्रस्तुत कविता-संग्रह श्री धर्मवीर भारती के गीतों, मुक्तकों तथा मुक्त वृत्तों का अभिनव संग्रह है। इसमें कवि की कुल उन्तालीस कविताएँ संगृहीत हैं जो पिछले ६ वर्षों से लिखी गयी कविताओं में से चुनी गयी हैं। भूमिका में भारती ने बड़ी ईमानदारी और सरलता से अपनी कविताओं के विकास की बातें की हैं। उनका यह कहना कि 'मेरी कविता तो चाक पर चढ़ी हुई गीली मिट्टी है जिनमें से कोई 'अनजान अँगुलियाँ धीरे-धीरे मनचाहा रूप निकाल रही हैं" अत्यन्त सहज और सत्य है। क्योंकि सारे संग्रह में कुछ कविताओं को छोड़कर एक निश्छल एवं भावुकतामय चिन्तन का प्रभाव व्याप्त है। वह प्रभाव जो आज के मध्यवर्गीय युवक की साँसों में उफनाता है और उसके चारों ओर बिखरे हुए वातावरण में उमड़-घुमड़कर उसके मन को एक अजीब-सा आशा-निराशा की रेशमी डोरों में फँसाये रहता है; भारती की अनेक कविताओं में अत्यन्त आत्मनिष्ठ रूप में चित्रित हुआ है।

प्राय: भारती की कविताओं पर आलोचकों ने आक्षेप किये हैं पर उन्हें यह नहीं भूलना चाहिए कि वैयक्तिक चिन्तन और अनुभूतियों को प्रधानता देनेवाले कवियों में सामाजिक संस्कार की बातें ढूँढ़ना उतना श्रेयस्कर नहीं है जितना यह देखना कि उसका व्यक्तिगत चिन्तन समाज के लिए कितना उपयोगी है। इस दृष्टि से धर्मवीर भारती आशा और विश्वास के कवि हैं। भावुक रूपासक्ति और आकुल निराशा यदि स्वस्थ मानसिक प्रवृत्तियों की देन है तो उससे सामाजिक कल्याण और बढ़ाव की ही आशा करनी चाहिए। यही कारण है कि 'कवि और अनजान पगध्वनियाँ' में वह लिख पाता है—

ठहरो! ठहरो! ठहरो! ठहरो! हम आते हैं
हम नयी चेतना के बढ़ते अविराम चरण!
हम मिट्टी की अपराजित गतिमय सन्तानें,

हम अभिशापों से मुक्त करेंगे कवि का
मन!

भारती की इधर की कविताओं में बौद्धिकता का प्रभाव स्पष्ट हैं 'फूल, मोमबत्तियाँ, सपने' इस तरह की कविताओं का एक नमूना है।

भारती में प्रभावोत्पादन के प्रति सदा से मोह रहा है। यही कारण है कि उन्होंने अपनी भावनाओं के चित्रण में अत्यन्त नवीन और रूमानी प्रयोग किये हैं। इसमें सन्देह नहीं कि उनकी कविता पर अनेक विदेशी कवियों तथा विशिष्ट कविताओं पर विदेशी प्रभाव है। 'बदरा पानी दे' कविता पर एक अमेरिकन कविता का स्पष्ट प्रभाव है।

'एक पावन, आत्मसमर्पणमयी वैष्णव-भावना से अपने अहम् का शमन करने की बात भी की गयी है और उसके प्रभाव का भी मैंने ऊपर उल्लेख किया है। पर इतना कहना जरूरी है कि भारती की बाल्यसुलभ भावुकता चाहे सहज और सुबोध भले ही रही हो पर उसमें अनेक ऐसे चित्र मिलते हैं जो विकृति एक आवारगी के परिचायक रहे हैं। उदाहरण के लिए—

खूब समझकर जीवन में,
आओ वैसे मुझको क्या
मैंने तो हर एक खिलौने को
स्वीकार किया है।

इसी प्रकार का प्रभाव 'तुम्हारे चरण', 'उदास तुम' 'यह आत्मा की खूँखार प्यास' में भी मिलता है।

●

'आँसू'–एक स्व आत्म-काव्य

किसी विषय-विशेष पर ऊपर से छूटकर काव्य-रचना करने में जो मानसिक प्रतिक्रिया होती है उससे बौद्धिक काव्य या उद्देश्य-विशिष्ट काव्य का निर्माण होता है। इसकी गति ऊर्ध्वगामी होते हुए भी बहिर्मुखी होती है। और इस प्रकार जिन योजनात्मक विचारों का निर्माण होता है उसमें साधारण मनुष्य की करामात स्पष्ट एवं सुगम्य होते हुए भी जन-जन का प्रतिपादन नहीं करती। यद्यपि ऐसे कवि या लेखक जो बौद्धिक निर्माण की ओर उन्मुख हैं, उन्हें गर्व है कि वे जनता के लेखक हैं और उनकी काव्य-रचना में जनता की भावना मुँह-मुँह बोलती है पर उनके पास वह हल नहीं, वह बैल और धरती के कठोर वक्ष को फावड़े से तोड़ने की शक्ति नहीं। फूटी कड़ाही और टूटा तवा नहीं जिस पर सेंकी हुई चित्तीदार रोटियाँ केवल नमक से खायी जाती हैं। वह रूस के जनप्रिय कलाकार गोर्की की तरह गन्दी गलियों के बीच घूम-घूम, मजदूरों के साथ काम कर, उनके साथ हास-विलास, खान-पान में हाथ बँटाकर उनमें आत्मसात् करके नहीं, कल्पना के सम्बल से किसी सुन्दर सजी कोठरी के नीले पर्दे के भीतर से किसान का गीत लिख देते हैं। ऐसा नहीं कि यह काव्य-रचना बेकार होती है परन्तु इससे कवि के बुद्धि-कौशल के अतिरिक्त कोरी ज्ञान-गरिमा मात्र का पता चलता है।

आत्मा-परमात्मा के गोल-मोल पचड़े में न पड़कर यहाँ हम इतना भर कहेंगे कि मानव-मात्र की आत्म-शक्ति अपनी आन्तरिक सत्यता एवं प्राथमिक शुद्धता में अंशत: समागत होती हो। यही प्रच्छन्न एवं प्रभावपूर्ण शक्ति साहित्यकार की बपौती है। वह बड़ा ज्ञानी नहीं होता फिर भी उसकी बातों पर लोग लोट-पोट हो जाते हैं, क्योंकि वह अब अपनी साहित्य-सर्जना में आत्मा को छू लेता है। अतएव बड़े-से-बड़े ज्ञानी-पण्डित भी एक साधारण बालक की कविता पर प्रशंसा से हाथ पीटते देखे जाते हैं। सभी अनुभव करते हैं कि कवि ने उसके मन की बात कह दी। यह केवल मनुष्य की अनुभूति-विशेषता का फल होता है। अतएव इस प्रकार के काव्य की धारा अन्तर्मुखी होती है। यही विशिष्ट धारा जब विचारों की वाष्प बनकर हृदय के चारों ओर घिर जाती है तो वह बुद्धि से दूर अत्यन्त दूर होकर ऐसी

काव्य-दृष्टि होती है, जिसमें शुभ्र-चन्द्रदेव के समदर्शी प्रकाश की-सी महानता होती है। उसमें उचितानुचित परखने एवं स्वकीय-परकीय की शक्ति का लेश भी नहीं होता।

किसी विशेष बाह्य प्रभाव से ही यह स्थिति उत्पन्न नहीं होती। इसके उद्‌गम के लिए विचारों का हृदय से समागम और आत्मानुभूति से मन्थन आवश्यक होता है। जब तक 'स्व' का 'पर' से या 'अहम्' का 'इदम्' से अन्त:आश्रय नहीं होता तब तक कभी भी आत्मविसर्जन नहीं होता अतएव अहम् का परित्याग नहीं होता। जब तक अहम् अपनी महत्ता से अभिभूत या चैतन्य रहता है तब तक वह अनुदारतापूर्ण बौद्धिक काव्य-रचना करता रहता है जैसे ही उसने इस 'स्व' का परित्याग कर अपनी स्थिति का विसर्जन किया वह चेतन-अचेतन के ऊपर उठकर भावात्मकता की उस सीमा पर पहुँच जाता है जहाँ से ईश्वर (आत्मा) के बोलने की बात शास्त्रों में प्रचलित है। इस प्रकार विचारों का अनुभूति में परिणत होना ही काव्य की सीमा नहीं बल्कि प्रथम सोपान है। तत्पश्चात् अहम् का इदम् में लोप (आत्मविसर्जन) और अनुभूति में आत्मसात् की क्रिया होती है जिसमें भाव-विशेष और आत्म-विशेष का अन्त:आश्रय होना आवश्यक है। तदुपरान्त कहीं आत्म-काव्य की पृष्ठभूमि तैयार होती है।

आत्म और स्व-आत्म—इतना देख लेने के पश्चात् काव्य की दो प्रमुख प्रवृत्तियाँ हमारे सामने स्पष्ट हो जाती हैं। एक उद्‌देश्य-विशिष्ट (बौद्धिक काव्य) दूसरा अनुभूति-विशिष्ट (आत्मकाव्य)। अब हमें देखना है कि किसी दीन-हीन मनुष्य की दीनता एवं हीनता में डूबकर रचना कर देना और स्वयं दीन-हीन होते हुए रचना करने में क्या अन्तर है! इस स्थान पर आकर विभक्तीकरण की सीमा अत्यन्त सूक्ष्म एवं अदर्शनीय हो जाती है। दीनता में डूबकर उससे आत्मसात् कर लेना और स्वयं दीन होना इतना ही अन्तर तो दोनों में रह जाता है। पर यह तो समीक्षात्मक उद्धरण है; दोनों की कलात्मक उपज में तो कहीं भी इतना अन्तर प्राप्य नहीं हो सकता। अतएव इस प्रकार के दो चिन्तकों की रचनाओं का विभक्तीकरण करना अत्यन्त कठिन है। यहाँ तक कि कभी-कभी तो पहले की रचना अधिक जोरदार होती है।

एक अच्छी हालत में रहनेवाला आदमी यदि फटे-पुराने कपड़े पहन ले और दीन मनुष्यों का-सा खान-पान करने लगे तो उसकी आत्मा की भर्त्सना का जोर अधिक बलिष्ठ हो जायेगा। उसमें जो शब्द-योजना और भाव-प्रेरणा होगी, वह अन्यत्न क्रुद्ध एवं क्रान्तिविधायनी होगी और वह, जो पीढ़ियों से दीनता के बीच जीवन गुजार रहा है एक साम्य एवं सुव्यवस्थित भाव-धारा के सहारे धीरे-धीरे अपनी काव्य-सीमा पर पहुँचेगा। जितनी तार्किकता एवं परिस्थिति का विकास हमें इस काव्य

में मिलेगा उतना पहले में नहीं, पर पहला अधिक उग्र होगा। मुख्य तौर पर देखा जाय तो आत्मानुभूति जब किसी विशेष प्रभाव से अनुरंजित होकर अपनी ही क्रिया-विशेष की प्रतिक्रिया हो जाती है तो उसे हम स्व-आत्म-काव्य कहते हैं। अभिप्रायपूर्णता के स्वयं नहीं आत्मतुष्टि और आत्म-प्रकाश के लिए बाध्य होकर जब कोई अपनी हृदय-वेदना को छन्दोबद्ध कर देता है तो वह स्वात्ममयी अनुभूति होती है। उपर्युक्त उदाहरण में दूसरा स्व-आत्म-काव्य और पहला आत्म-काव्य कहा जायेगा। यदि कोई कवि विरह की वेदना में स्वयं व्यथित होकर काव्य-रचना करे तो वह स्व-आत्म-काव्य और यदि किसी विरह-विदग्ध प्राणी के या विरह-विदग्धता की भावात्मक अनुभूति से आत्मसात् करके लिखे तो वह आत्म-काव्य (अनुभूति काव्य) कहा जायेगा—

निःश्वासों की नीड़ निशा का बन जाता शयनागार।
लुट जाते अभिराम छिन्न मुक्तावलियों के बन्दनवार।।
तब बुझते तारों के नीरव नयनों का यह हाहाकार।
आँसू में लिख जाता है, कितना अस्थिर है संसार।।

—महादेवी (अनुभूति-विशिष्ट काव्य)

निष्ठुर खेलों पर जो अपने
रहा देखते सुख के सपने
आज लगा है क्या वह कँपने
देख मौन भरनेवाले को?

अरे कहीं देखा है तुमने।
मुझे प्यार करनेवालों को।

—जयशंकर प्रसाद (स्व-आत्म-काव्य)

विभिन्न वादों में—विभिन्न युगों में जिन कलात्मक-सांस्कृतिक, सामाजिक एवं राजनैतिक अभाव या आवश्यकता की पूर्ति जो साहित्य करता है उसे आँख मूँदकर आप प्रगतिवादी साहित्य कह सकते हैं। शर्त यह है, कि उसमें उस समय-विशेष का नेतृत्व करने की शक्ति रही हो। न तो कोई 'वाद' मरता है न तो उसका ह्रास ही होता है, हाँ यदि युग-विशेष के कलाकारों में अनुभूति-विशिष्ट रचना का अभाव हो गया तो जो साहित्य-सर्जन होगा वह नीरस एवं उखड़ा होगा। कोई वाद बुरा नहीं होता, न तो किसी काव्य की धारा ही काव्य-रस प्रचुरता में हीन होती है। यदि कोई कवि बलपूर्वक—

वह नस्ल जिसे कहते मानव कीड़ों से आज गयी बीती,
बुझ जाती तो आश्चर्य नया, हैरत है पर कैसे जीती—

—अंचल

लिखने बैठ ही जायँ तो अवश्य ही काव्य-सरिता शुष्क होकर नीरस बालुका प्रदेश की रूखी प्रतिमा बन जायेगी। विभिन्न मानवीय विचार घरानों के रसात्मक चित्रण का रचनाकार की अनुभावना में आत्मसात् होने पर जो भी उद्भावना होगी वह पूर्ण अनुभूति-विशिष्ट, काव्य की परिचायिका होगी। रहस्यवाद-छायावाद और प्रगतिवाद सभी में यत्र-तत्र ऐसी काव्य-अभिव्यंजना मिलती है।

प्राय: यह भी देखा गया है कि जीवन के किसी विशेष क्षण में कार्य-विशेष ने कोई अत्यन्त उत्कृष्ट रचना कर डाली है पर वह उत्तम कोटि का कलाकार नहीं है या कोई उत्तम-से-उत्तम कलाकार किसी निश्चित विषय पर अत्यन्त हीन रचना दे पाता है। यदि ध्यान से देखा जाय तो उसके पीछे भी अनुभूति-तादात्म्य की अभाव-ग्रस्तता के अतिरिक्त कुछ भी नहीं रहता। वही उत्तम रचनाकार होता है जिसकी अधिकतर रचनाएँ उत्तम होती हैं यानी अनुभूति-विशिष्ट होती हैं। अभिप्राय यह कि जिसमें जितनी ही मात्रा में भाव-आत्मसात् की शक्ति होगी वह उतना ही उत्तम कलाकार होगा। अन्तत: गरीब की पुकार, कोमल-वदना का सौन्दर्याकर्षण, मानव की दार्शनिक प्रवृत्ति तथा कला का उद्भव चाहे जो भी विषय हो उस कवि की वाणी से निर्झरिणि की भाँति फूटकर, अविराम गति से प्रभावित होता रहेगा। अतएव हम इस निष्कर्ष पर पहुँचते हैं कि साहित्यिक प्रगति और 'वादों' का समुन्नत महत्त्व कलाकार के अनुभूतिग्रस्त मस्तिष्क का प्रतिफल है।

'आँसू'-एक उदाहरण—हम आँसू को उपर्युक्त काव्य-मीमांसा के साये में रखकर क्या दिखावें, विज्ञ पाठक स्वयं ही उपर्युक्त कसौटी पर 'आँसू' की परख कर सकते हैं। इसमें सन्देह नहीं कि कवि ने प्रथम आवृत्ति से बहुत-सी पंक्तियों को परिवर्तित कर दिया है। उदाहरणस्वरूप—

१. शशि मुख पर घूँघट डाले,
अन्तर में दीप छिपाये (अंचल में)
२. निष्ठुर यह क्या छिप जाना
मेरा भी कोई होगा।

उपर्युक्त प्रथम छन्द में रेखांकित के स्थान 'अंचल में' तथा द्वितीय में 'प्रियतम जाते हो जाओ' था। ऐसे एक नहीं अनेक स्थल हैं पर स्थानाभाव के कारण उनका उद्धृत किया जाना सम्भव नहीं। पर क्या काव्य की रसानुभूति इन नन्हें-नन्हें परिवर्तनों से मर नहीं गयी है? आज भी 'आँसू' के प्रेमी इन्हीं शब्दों के साथ उस महाकवि की सच्ची आत्मानुभूति से कढ़े हुए उद्भाव को गा-गाकर आनन्दातिरेक से उत्फुल्ल हुआ करते हैं।

आदि से लेकर अन्त तक कविता का मार्मिक उद्घोष कवि को मानसिक विरह-मिलन, उलझन-सुलझन, वियोग-शृंगार, आशा-प्रत्याशा और सुख-दु:ख में भूलता नजर आता है। इतना ही नहीं—ज्ञान होता है कोई पागल घूम-घूमकर अपनी कथा-

अपने हृत्तन्त्री का नाद अनजाने ही में बिखेर रहा है। उसे इतना भी भय नहीं कि इस संसारवाले क्या कहेंगे? वह क्या है? उसकी प्रतिष्ठा का स्तम्भ कितना सुस्थिर एवं पवित्र है और यह संसार, जो छिद्रान्वेषी-उसे तनिक भी 'स्व' का ध्यान नहीं 'पर' तो दूर रहा—

मादकता से आये वे
संज्ञा से चले गये वे
हम शोकाकुल पड़े बिलखते
थे उतरे हुए नशे वे!

केवल अनुभूति के सम्बल से काल्पनिक चित्र बनाकर उसमें रंग भरना तो दूर रहा, कवि ने तो अपना ही हृदय रंग लिया है। काव्य-विज्ञान के नियम से स्मृति और कल्पना का निर्माण करके उसमें सामंजस्य नहीं हुआ है बल्कि दोनों का एक मूल (धातु) तत्त्व ही बन गया है। वे काव्य के साधक नहीं, साधन और उत्पादक (producer) नहीं वरंच उत्पादन ही बन गये हैं। उनके शशि की परछाहीं रत्नाकर बनकर चमकती है। उनके हृदय की उलझन उनके प्रियतमा की अलकों में बिखर पड़ती है। उनका दु:ख इतनी सार्वभौमिकता प्राप्त कर लेता है कि चारों भुवन में सुख की कल्पना भी दुर्लभ हो जाती है।

वास्तव में यह उनके हृदय की वेदना है जो विद्रोही बनकर युग के ऊपर गरजती-गरजती क्षुब्ध होकर आँसू बहाने लगती है—

तिरती थी तिमिर उदधि में
नाविक! यह मेरी तरणी
मुख चन्द्र किरण से खिंचकर
आती समीप हो धरणी।

प्रसाद का यह 'अहम्' 'इदम्' का मेल उनकी आन्तरिक सूक्ष्म भावना से इतनी समरसता को प्राप्त हो गया है कि उनकी बाह्य दशा आसक्ति प्राप्त प्राणी की-सी हो गयी है। वे आत्म से बढ़कर 'स्व-आत्म' तथा अनुभूति से बढ़कर 'स्व-अनुभूति' तक पहुँच गये हैं। जिस आकर्षण का अनुभव उन्होंने किया वह इतना उग्रतर हो गया कि उनकी प्रेममयी चाह में ममता, मोह, वासना एवं आसक्ति के मिश्रित अनुभाव द्वारा उनका हृदय आवेष्टित हो उठा और वे अब से 'अपनी बीती' पर इसलिए नहीं कि कोई सुने, किन्तु अपरोक्ष, अनजान में 'आँसू' बहाने लगे।

स्व-आत्म-काव्य की कसौटी पर 'आँसू' विश्व की अन्यान्य भाषाओं की काव्य-पुस्तकों में अपनी समता नहीं रखता। हो सकता है कि किसी कवि ने कोई उत्तमोत्तम छन्द लिखे हों पर सम्पूर्ण पुस्तक के रूप में इतनी उत्कृष्ट रचना अप्राप्य ही है।

नीली वर्षा : महेन्द्र खोती

इस छोटे से संग्रह में लेखक की अठारह छोटी-छोटी कहानियाँ संगृहीत हैं। इनमें कहीं जीवन की कोई नन्हीं-सी घटना है, तो कहीं संवेग का कोई महान् अथवा कहीं कल्पना उड़ान। लगता है लेखक अपने कलात्मक चिन्तन के लिए किसी तारतम्य का आधुनिक विकास का मार्ग अपनाना नहीं चाहता जब कभी जो भी भाव या घटना या कल्पना उसे पसन्द आयी उसने उसे कहानी का रूप दे दिया। शायद इसी कारण कहानियों में शिल्पगत परिष्कार की भी कमी है और वे अपना प्रभाव पाठक पर नहीं छोड़ पातीं। 'नेमप्लेट' में कुछ बातें बनती हैं लेकिन लगता है लेखक सिर्फ एक चमत्कारिक अन्त के लिए कहानी की देह गढ़ता है जिसके साथ उसकी अनुभूति का कोई सम्बन्ध नहीं है।

'नीली वर्षा' भावुकता और कल्पना के कन्धे पर चढ़कर गद्य-काव्य की तरह चलती है और पाठक को उबा देती है। कुल मिलाकर कितनी ही नन्हीं संवेदनाएँ उन कहानियों में उभरती हैं लेकिन एक बिना किसी प्रतिफलन के मुरझाकर विलीन हो जाती हैं।

•

कानन : जानकी वल्लभ शास्त्री

हिन्दी के प्रसिद्ध गीतिकार की इन कहानियों से उनके व्यक्तित्व और शिल्प-शक्ति का एक और पहलू पाठक के सामने आता है। गीतियों की-सी भावुकता और वैसा ही मनचाहा संसार इन कहानियों में चित्रित हुआ है। पहली कहानी 'कानन' जो पहले पेज पर छपी घोषणा के अनुसार जाने क्या-क्या है। (अजीब-सी भाषा में लिखी संग्रह की ऐसी विज्ञप्ति शायद ही कहीं देखने को मिले) लेकिन है वह एक कहानी और वह भी प्रेम भी। एक मर्द और दो औरतें सब-के-सब फूल की खुशबू की तरह (यहाँ तक कि मर्द की बहिन भी) मह-मह महकते हैं। काश आदमी वैसा ही होता जैसा शास्त्री जी चाहते हैं और हर प्रेम कहानी में वही घटता जो 'कानन' में घटता है तो दो बातें होतीं—एक तो हर आदमी एक बार फिर प्रेम करना चाहता दूसरे हत्या के अपराध में अदालतों में अभियुक्तों का फूल-मालाओं से अभिनन्दन होने लगता।

ललित अपनी शादी की बात छिपाकर एक लड़की से प्रेम करता है। ललित की स्त्री जानती है कि वह दूसरी से प्रेम करता है फिर भी उस पर और उस दूसरी पर जान छिड़कती है। दूसरी जब जानती है कि वह शादी-शुदा है तो ललित पर नाराज़ नहीं होती बल्कि उसकी स्त्री के प्रति करुणार्द्र होकर ललित से मिलना बन्द कर देती है। ललित तड़पता है, परेशान होता है और उसकी स्त्री हमेशा के लिए उसके घर से चली जाती है। प्रेमिका के होश दिलाने पर वह दीवाना होकर उसे लिवाने जाता है लेकिन तब-तक वह दुनिया ही छोड़ चुकी है। प्रेमिका पहले ही शादी से इनकार किये बैठी है। शायद लेखक की आन्तरिक इच्छा के अनुसार जैसे भी मैदान साफ हो जाने की उम्मीद है। और यह सब-कुछ बड़ी सादगी से घटता है उसे हर पात्र प्रवीण डेमागाग है।

ध्यान से देखा जाये तो सही माने में ऐसी ही रचनाएँ समाज के ढाँचे में सड़ान्ध पैदा करती हैं। कोई क्रोध नहीं, कोई घृणा नहीं सब-कुछ महक रहा है—सड़ा हुआ पाँव भी, वस्त्र भी, फूल भी। ऐसी ही शुद्ध काल्पनिक और थोथी आदर्शवादी मान्यताओं से इस संग्रह की सारी कहानियाँ ग्रसित हैं और जीवन के सहज यथार्थ (जो मूलतः गद्य है) को देख और समझ पाने की अक्षमता के कारण कवि का यह प्रयास निष्फल चल गया है। •

रात खो गयी : मनहर चौहान

बहुत-से लेखकों का जीवन ही एक बड़ा उपन्यास होता है जिसे वे समय-समय पर जगह-जगह से काटकर उपन्यास का रूप देते रहते हैं। मसलन वे यदि किसी आश्रम में कुछ दिन रहे तो वहाँ का एक उपन्यास, फिर वहाँ से किसी व्यवसाय के दफ्तर में गये तो वहाँ के जीवन पर एक उपन्यास। गरज कि वे जीते चलते हैं और उपन्यास की रील बनती चलती है। लेकिन ऐसे लेखकों को यह नहीं भूलना चाहिए कि उनके अलावा और भी लोग हैं जिनके जीवन हैं और उन्हें भी उसी तरह के अनुभव हो रहे हैं जैसे उन्हें। साथ ही इन सारे अनुभवों के तारतम्य में कहाँ समानता और बासीपन है, कहाँ बेमानी भावुकता के कारण उत्पन्न भ्रम और अन्धकार है और कहाँ वह यथार्थ की कसौटी है जिस पर अनुभवों की सत्यता की परीक्षा हो सकती है। मेरा अनुमान है कि जब लेखक इन प्रश्नों को अपने सामने बनाये रहता है तो उसके जीवन की लम्बी रील का बहुत-सा हिस्सा स्वत: अन्धा हो जाता है। कभी-कभी वह जीता-जागता हिस्सा जिसे लेकर वह खुशी के मारे लहालोट हो रहा था लाख मनुहार करने पर भी उसकी ओर से रुख फेरे ही रहता है। ऐसी ही स्थिति को हम लेखक का 'मेच्योर' होना कहते हैं क्योंकि दृष्टि में वस्तुपरकता आ जाती है और वह अन्तर मन से आत्मलीनता के भ्रम से मुक्त होकर सौन्दर्य की सही परख कर सकने में समर्थ होता है ऐसी स्थिति में लेखक का अपना समूचा निजी जीवन उपन्यास नहीं बन पाता न लेखक उसे इसके योग्य ही समझता है। हाँ, विश्लेषण की यह प्रक्रिया एक अन्य उपन्यास को जन्म देती है जहाँ लेखक भावुकता से मुक्त होकर सत्य की परख कर सकने में अधिक समर्थ हो उठता है। मीमांसा प्रौढ़ता की पहली सीढ़ी है।

मनहर चौहान अभी प्रौढ़ होने की प्रक्रिया से गुजरने को हैं इसलिए उनका सारा-कुछ जाना-पहचाना उपन्यास का मसाला लगता है यह धारणा उनके इस नये उपन्यास को पढ़ने से और भी दृढ़ होती है। रामपाल और सत्येन्द्र एक पत्रिका के

दफ्तर में काम करते हैं और दफ्तर के अन्य कर्मचारियों और मालिक के साथ इस उपन्यास के दो मुख्य मित्र पात्र हैं—एक सहायक सम्पादक और दूसरे चित्रकार। सत्येन्द्र फ्लैश बैक में अपनी एक प्रेम कहानी लेकर इस उपन्यास का मुख्य पात्र बनता है और दूसरी प्रेम कहानी को किसी तरह घिसटकर एक अन्त पर पहुँचाता है, जिसके बीच में पत्रिका के उस दफ्तर का सब-कुछ समाया रहता है। एक साधारण आदमी का प्यार, उसकी उलझनें, मानसिक प्रताड़नाएँ और इस सबके ऊपर छाया रहता है उसका बेचारापन। एक तरह से देखें तो आज के जीवन में इसके अलावा है ही क्या। लेकिन यह भाव खींचकर उपन्यास से निकालना पड़ता है। अपनी ओर से लेखक ने जगह-जगह जो बहसें या फतवें किये हैं वे हास्यास्पद लगते हैं, साथ ही सत्येन्द्र के चरित्रांकन के प्रतिकूल पड़ते हैं और किशोरवय भावुकता का परिचय देते हैं। बहुत-से शौकिया और बेज़ानी डीटेल घिसट-घिसटकर चलनेवाली कहानी को कहीं-कहीं एकदम ठप कर देते हैं और उपन्यास का पढ़ना असम्भव हो उठता है।

●

गोला बारूद : नानक सिंह

'उपन्यासों के कथानक प्रायः कल्पित हुआ करते हैं। पर कभी-कभी ऐसा भी होता है कि लेखक को अनायास ही कहीं से कथानक का कोई वास्तविक बीज भी मिल जाता है।' और आगे लेखक बताता है कि इस उपन्यास का बीज उसे कहां मिला। डलहौजी लेखक का चहेता पर्वतीय स्थान है जहां वह गत बीस वर्षों से बैठ कर लिखता चला जा रहा है वहीं उसे इस उपन्यास का बीज मिला।

बीज आलू-गोभी का भी मिलता है लेकिन वह दूकानों पर बिकता है और जो भी चाहे पैसे से खरीद कर उसे अपने खेत में बो दे और घर बैठे आलू-गोभी खाये या उसका रोज़गार करे लेकिन उपन्यास का बीज पाना ज़रा मुश्किल है। एक तो उसकी पहचान बिरल है दूसरे यदि पहचान भी लिया गया तो यह पता नहीं कि यह किस मौसम और किस खेत में उगने वाला बीज है। इसके लिए कैसी मिट्टी-पानी चाहिए आदि कितनी ही ऐसी बातें हैं जो साधारण लोगों की समझ में आसानी से नहीं आ पातीं। इतना ही नहीं एक बीज से भिन्न फल भी यहां उपजते हैं और उनका स्वाद भी बदला जा सकता है। असल में यहां सारा खेल उस खेत का है जहां बीज उगता है।

इसलिए जब मंगतू नामक बीज नानक सिंह को मिला तो इसलिए वह महत्त्वपूर्ण नहीं हो उठा कि जीवन संघर्ष में निरंतर ईमानदारी से लड़ते रहने पर भी दुनिया की कटु सच्चाइयों से सामन्जस्य स्थापित न कर पाने के कारण वह पागल हो गया बल्कि इसलिए महत्त्वपूर्ण हो उठा कि उसकी माँ उसे बचपन में छोड़कर किसी के साथ भाग गयी थी इसलिए वह अपने को एक चरित्रहीन स्त्री का पुत्र समझ कर जीवन भर पाप-बोध से टक्कर लेते-लेते टूटकर पागल हो गया। तनिक और बारीकी में जाकर इस उपन्यास के रेशे उधेड़े जाएं तो बात वहां तक पहुंचती है कि लेखक को मंगतू नहीं मिला मंगतू से लाई यह थोंथी और नितान्त आदर्शवादी भावना बीज के रूप में मिली! कि एक नन्हें शिशु के मन पर पाप के बोध का कैसा भयंकर दुष्परिणाम हो सकता है। इसमें संदेह भी नहीं कि नन्हें शिशु पर ऐसी परिस्थितियों का बुरा प्रभाव पड़ता है और अनेक तरह की ग्रंथियां आगामी जीवन के मार्ग को अवरुद्धकर देती

हैं लेकिन यह एक सामाजिक सवाल है और इसे हम आज की दृष्टि से हल करने बैठेंगे तो शायद लेखक की भावना को ठेस पहुचेगी क्योंकि ऐतिहासिकता की जिस सीढ़ी पर साधारण कथाकार होता है वह उस काल के आदर्शों से बंधा रह सकता है और बहुत-सी पिछड़ी हुई मान्यताओं के लिए उसे माफ भी किया जा सकता है। आज हमारे सामने यह कोई अहम् मसला नहीं है, और आगे चलकर यह हमारे लिए और भी कम ध्यान देने वाली बात हो जाएगी। शायद इसलिए कि स्त्री के संबंध में हमारे विचार तेजी से बदल रहे हैं। हम उसके दिल और दिमाग के स्वतंत्र अस्तित्व को स्वीकारने की ओर तेजी से बढ़ रहे हैं। इसलिए भावना के स्तर पर मंगतू का पागलपन आज के पाठक के लिए बहुत सहज नहीं जान पड़ेगा और इस सहजता के अभाव में लेखक जिस प्रकार अनुकम्पा और आर्दता की उम्मीद करता है वह एक चिढ़ में बदल जाती है और मंगतू एक केस के रूप में चित्रित होने लगता है।

बदलती हुई परिस्थितियों में आदर्शों की स्थिति इसी कारण समर्पित नहीं हो पाती कि तब तक मनुष्य की भावनाएं बदल जाती हैं या एक बहुत छोटे से अबौद्धिक दायरे को प्रभावित करके रह जाती हैं। रचना का व्यापक भावाकाश संकुचित होकर छोटा होता जाता है और अन्ततः लेखक के समसामयिक भावबोध का संकेत बनकर इतिहास की वस्तु हो उठता है। मंगतू के चरित्रासंकोण की पीठिका में भावुकता का ऐसा ही आरोप है जो उसके अधिक व्यापक और प्रभावशाली जीवन संघर्ष को अपने आदर्शवादी परिवेश के कारण उभरने नहीं देता और जब कभी कथा में अधिक विचारणीय और मार्मिक स्थल उभरने को होते हैं मंगतू के सामने उसकी या किसी अन्य स्त्री के दुराचार का प्रसंग उठ जाता है और वह पागल का सा व्यवहार करने लगता है। यही एक बात और भी विचारणीय है कि लेखक को मंगतू पागल के रूप में मिला है और अपनी इसी विचित्रता के कारण वह लेखक को उपन्यास के लिए बीज के रूप में लिखा है इसलिए जब लेखक उसे अपनी रचना प्रक्रिया में समेटता है तो ऐसे प्रसंगों का बार-बार उल्लेख करना नहीं भूलता जो उसे धीरे-धीरे पागलपन की ओर अग्रसर करती जाएं। फलतः जो भी प्रसंग मंगतू के जीवन में आते हैं वे लेखक की पूर्व मान्यता के अनुसार स्त्री के दुराचरण पर जाकर टूटने लगते हैं और अन्ततः पूरे उपन्यास का ढांचा ही चरमरा कर टूट जाता है।

बात अजीब है लेकिन रचनात्मक विकास के लिए लेखक की पूर्वनिर्धारित दृष्टि जब भावुकता के प्रसंगों की खोज करने लगती है तो रचना का गुम्फद ढीला और मशीनी हो उठता है। सर्दूल, बेलीराम जैसे अपनी इच्छा के चरित्रों की रचना द्वारा जो प्रभाव लेखक पैदा करना चाहता है वह न तो पाठक के मन को प्रभावित कर पाता है न मंगतू के चरित्र निर्माण ही में सहायक बन पाता है। सम्भवतः लेखक टीचर

के रूप में इन चरित्रों के पीछे स्वयं बैठा हुआ है। वे चरित्र जिन्हें लेखक आलोचना के लिए चुनता है अधिक मांसल है। तुलसी अथवा गोपीनाथ के चरित्र अधिक स्पष्ट और वास्तविकता के नज़दीक जान पड़ते हैं।

शिल्प की दृष्टि से उपन्यास और भी कमजोर है। बेकार के वर्णनों से उपन्यास का पेट न फुलाया जाता तो इसमें कुल एक लम्बी कहानी का मसाला है। आश्चर्य की बात है कि इतने मोटे उपन्यास में लेखक उस समाज की जीवन विधा पर भी व्यापक प्रभाव नहीं डाल पाता जिसमें उसके चरित्र जीवित हैं और विकसित हो रहे हैं। शायद इसका कारण मुख्य पात्र यानी 'उपन्यास के बीज' का इधर-उधर घूमना ही हो।

अंत में पाठक यह पूछेंगे कि भाई यह उपन्यास किस भाषा का है। कुछ उत्तर न आपसे बन पड़ेगा न मुझसे क्योंकि पुस्तक से लगता है यह हिन्दी में लिखा हुआ मौलिक उपन्यास है। सुभाव यह है कि आप प्रकाशक से इस रहस्य की कुंजी मागे साथ ही यह भी जान सकें कि अनूदित रचनाओं को मौलिक की तरह छापने से क्या-क्या लाभ होते हैं तो आपका ज्ञानवर्धन होगा।

●

एक म्यान दो तलवारें : नानक सिंह

१८५७ के बाद देश की स्वाधीनता के लिए दूसरा और महत्त्वपूर्ण प्रयत्न गदरपार्टी ने किया। इस पार्टी का निर्माण अमेरिका में हुआ था। वहां के पंजाबी निवासियों ने देश को गुलामी से मुक्त कराने की प्रतिज्ञा लेकर स्वदेश लौटना शुरू किया और विश्वयुद्ध के समय अंग्रेजों को कमज़ोर समझ कर देश से निकाल बाहर करने का निश्चय किया।

कनाडा में लाला हरदयाल और सोहन सिंह झकना इस पार्टी के नेता थे। कर्तार सिंह सरामा जो इस उपन्यास का प्रमुख नायक है कनाडा ही में इनके संपर्क में आया और अपनी दिलेरी और त्याग के कारण वह धीरे-धीरे इस पार्टी का नेता बन गया। सरामा भी उन्हीं क्रांतिकारियों के साथ स्वदेश लौटा और यहां गदर पार्टी के कार्यों का संचालन करने लगा। पंजाब की गदर पार्टी को एक के बाद एक असफलताएं मिलने लगीं लेकिन ये बहादुर अपनी आन पर अड़े रहे और धीरे-धीरे पंजाब के भी बहुत से युवक इनके सम्पर्क में आये। बाद को रासबिहारी-बरिन ने इनका नेतृत्व संभाला लेकिन सरकार को इनके मंसूबे का पता चल गया और बहुत से क्रान्तिकारी गिरफ्तार कर लिये गये। फिर तो दमन-चक्र चला और क्रान्तिकारियों की गिरफ्तारियां होने लगीं।

बाबा सुखदेव सिंह के पुत्र सुदर्शन और पुत्री बीरी भी क्रान्तिकारियों के सम्पर्क में आये और बीरी ने मन ही मन सरामा को अपना पति मान लिया। लाहौर कांसपिरेसी केस में फांसी की सजा बहाल होने पर जब सरामा अपनी कोठरी में क्रान्ति के गाने गा रहा था उस समय बीरी उसकी पत्नी के रूप में अंतिम बार उससे मिली और अपने प्यार की स्वीकृति पाकर गद्दार गंजसिंह जिसने सरामा को गिरफ्तार कराया था पिस्तौल का निशाना बनाकर खुद अपने को गोली मार ली। उसी दिन उसका पिता काबुल से डॉ. मथुरा सिंह को गिरफ्तार कराकर लाहौर लौटा था और मथुरा सिंह के कई पत्र उसके पास थे जिनमें क्रान्तिकारियों के अड्डों और बम गोलों

के रख-रखाव का पता था। स्टेशन पर ही उसे अपनी बेटी की करतूत का पता एक समाचार पत्र से चला और वह बेहोश होकर एक बेन्च पर पड़ गया। देश की आज़ादी के लिए की गयी कुर्वानियों में गदरपार्टी के लड़ाकू वीरों का हिस्सा बहुत बड़ा है लेकिन हमारा दुर्भाग्य है कि देश की नयी पीढ़ी इन रणबाकुरों की पूरी जानकारी भी खाती जा रही है। इतिहास के पन्ने कीचड़ों में सने हैं। सत्य को झूठ की खोल पहनाकर शहीदों के खून के धब्बे नहीं छिपाये जा सकते। इस दृष्टि से नानक सिंह का प्रस्तुत उपन्यास महत्त्वपूर्ण है और गदरपार्टी के कार्यों का जीता-जागता और मर्मस्पर्शी चित्र प्रस्तुत करने में समर्थ हो सका है।

लेखक ने ऐतिहासिक प्रमाणों से कथा भाग को जगह-जगह पुष्ट करने का यथाशक्ति प्रयत्न किया है लेकिन एक प्रश्न बार-बार मन में उठता है कि उपन्यास इतिहास तो नहीं है। क्योंकि घटनाओं के विवरण पात्रों के कार्यों के दौरान लेखक उनके मानसिक अन्तर्द्वन्द्व का उतना ही चित्र दे सका है जितना इतिहासकार भी देता है। इसलिए यदि ध्यान से देखा जाए तो इस उपन्यास का पाठ, घटना वैचित्र और वीरता की कहानियों के कारण सहज हो पाता है चरित्रों के अन्तर्द्वन्द्व अथवा उनके निर्माण की प्रक्रिया के कारण नहीं।

यह सही है कि कई ऐसे चरित्र हैं जो उस समय की जनता के जीवन का प्रतीकार्य प्रस्तुत कर सकने में समर्थ हैं जैसे बाबा सुखदेव सिंह जो अंग्रेज सरकार की कृपा दृष्टि के लिए एडी का पसीना चोटी कर रहे थे और दयाला जो अपनी मूर्खता के अंधकार में बिलबिला रहा था। इन्हीं के बीच बाबा, सुखदेव सिंह का बेटा सुदर्शन और पुत्री बीरी जो क्रांति की आग में जल मरने के लिए प्रस्तुत थे। एक ही घर में ये दो प्रकार की धारणाएं पल रही थीं और दोनों का संघर्ष अत्यन्त जीवित एवं प्रभावशाली ढंग से पंजाब के तत्कालीन समाज की झलक प्रस्तुत करने में सफल होता है। शायद गदरपार्टी की आधार-भूमि में इसी प्रकार का जीवन था।

भारतीय स्वतंत्रता संग्राम पर आधारित रचनात्मक साहित्य नहीं के बराबर लिखा गया है। हिन्दी में प्रस्तुत पुस्तक का प्रकाशन अत्यन्त महत्त्वपूर्ण और उपादेय है।

●●●